JN071322

営業担当者がいなくても
会社を成長させる社長の極意

話すツボは7つ

こささやすし

日本話すつぼ協会会長

ビジネス社

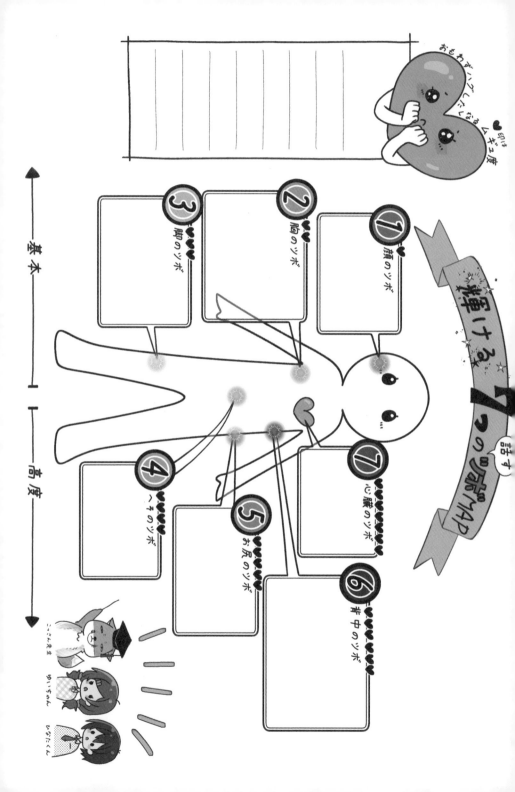

はじめに

　本書を手に取ってくださったことに感謝申し上げます。数ある書籍の中から本書を手に取り、ページを開いてくださったことは、とてもありがたいことだと感じております。

　2020年は年明けから新型コロナウイルスによって、世の中の動きが大きく変化しました。欧米では当初マスクをしているというだけでバイ菌扱いをされる。日本でも感染したくて感染したわけではないのに、犯罪者扱いして自宅に張り紙や落書き、いたずら電話。多くは人間の恐怖心からきたものでしょうが、自分さえよければよいという人間の醜さが表れたことがらでした。

　今回のコロナ禍で多くの飲食店が閉店に追いやられ、企業も数多く倒産し、失業者も増えました。働き方も大きく変わり、リモート、IT技術を使った在宅勤務が働き方のひとつとして当たり前になりました。このいわゆるテレワークについては、通勤電車の混雑解消や女性の活躍推進という観点から、コロナ前から助成金制度も導入されていました。そうやって国が数年前からテレワークを推奨する動きをしていましたが、なかなか導入が進まない状況でした。文化、考え方を変化させるのは容易いことではなかったわけです。しかし新型コロナウイルスによって、他人事から本気で考えなくてはならない自分事になり、大手企業を中心に一気にテレワーク導入が進みました。それにより世間では「コロナ太り」「コロナ離婚」ということもよく

耳にするようになりました。

　また自粛によって企業は最低限必要な仕事だけに集中し、無駄を削る動きをとらざるを得なくなりました。ここで本当に会社に必要な社員は誰なのか？　その見極めをするきっかけを作ったのです。要は設備や人材においてリストラが進むということです。このまま在宅勤務が主流となると、これまでの日本企業の評価制度も変化してくると考えられます。いわゆる成果主義です。会社に行って上司や部下と顔を突き合わせることが減り、自身の存在を認識してもらう機会が圧倒的に少なくなるのです。そんな中で会社や管理職が評価をするには、成果のウエイトが高くなるのは仕方がないことと言えます。

　ここ数年はSNSの急激な普及によって、文字によるコミュニケーションが多くなっています。特に若い方は就職活動で応募企業から電話がかかってきた時に電話応対が苦手でどのように受け答えしていいのかわからず困るという声をよく聞きます。これまでであれば社会に出て、先輩や上司の背中、話し方を見てコミュニケーションを学んでいたのですが、会社に入ってからも学ぶ機会が減っています。そんな状況で実際に顔を突き合わせるよりも意思疎通が取りにくくなるリモート会議やリモート営業をすることになるのです。果たして上手くいくのでしょうか？　明らかに難しいと言えるでしょう。

　なぜ、いきなりこのような話から始まるのか？「とりあえず流行だからコロナのことから入ればいいか」ということではありません。こういった非常事態になっても自分の身を助けるものは何か？　それがコミュニケーション力であると僕は思っています。

日頃からきちんとコミュニケーションがとれていれば、この
コロナ禍でも潰れなかった飲食店、企業、夫婦も多かったので
はないでしょうか。僕が日頃お世話になっている飲食店では、
しっかりと常連さんがついていて「常連さんに無理を言って自
宅飲み用のテイクアウト料理を買ってもらっています」「メニ
ューを減らし、営業時間を短くしても常連さんが定期的に来て
くれています」ということでした。企業においても「いつも通
り発注をくれるお客さんがいまして」「あなたが困っているな
ら、少しなら個人的に融資するよ」などの助力を得て倒産を回
避できています。夫婦や家族間においても在宅勤務が増え、コ
ミュニケーションが増え、以前よりも家族仲がよくなったとい
う話も聞きます。このように日頃のコミュニケーション力が身
を助けるのです。

　だからこそ一度身につけたら人から奪い取られない能力。非
常事態であっても自分を助ける能力。いつの時代になっても不
変の能力であるコミュニケーション力を高めることはとても有
効だと考えています。

　本書では年齢や性別、そして現在の肩書きや能力に関係なく
身につけることができるコミュニケーション力について解説し
ています。

　本書の内容は、今まで僕がただなんとなく、当たり前に人と
コミュニケーションしていたことです。ところが、そのやりと
りを見てありがたいことに僕のことを「共感の達人」と呼んで
くれる人が出てきました。自然にやっているだけのことなので
実感はありませんでしたが、普段何気なくやっている自身のコ

3

ミュニケーションを一度見つめ直してみました。

「虎の巻」と呼べるような、大それたものがあったわけではありません。ただ人と接する時に意識していることを知人に説明している中で、僕のコミュニケーションの極意は体のツボにたとえられることを発見しました。これはご自身のコミュニケーション力を向上させたいと思っていらっしゃる方のお役にたてるのではないかと思い、実際にあったエピソードを物語に交えながらまとめてみました。

　普段から「靴をほめたあとには、相手のへそにあたる部分を話して……」などと意識したことはありませんが、考えてみたらコミュニケーションには順序みたいなものがあり、7つのステップに分けることができました。

　このステップ通りに習得すると、間違いなく「相手が思わずあなたをハグしたくなってしまう」、そんな相手を「快」にするコミュニケーション力です。

　もちろん多少の訓練は必要です。それでもどなたにでも身につけていただけるものと確信しています。最後までお読みいただきお役に立てていただければ幸いです。

　この本の発刊に際し、多くの方にご協力を賜りました。私1人では到底できないことであったと思っております。心からお礼を申し上げます。ありがとうございました。

こっさん先生こと　こささやすし

4

こっさん先生（こささやすし）

人生を豊かにするコミュニケーションの達人。IT企業を経営している。貴公子のような立ち居振る舞いで、国内外の著名人とも親交を持つ。趣味は車、バイク、和装。
時々チベットスナギツネに変身する。

ひなた

社会人12年目。保険会社勤務。
明るくて元気なお調子者。社交的。ムードメーカー。
仕事で伸び悩み中。既婚。一児のパパ。

ゆい

社会人2年目。保険会社勤務。ひなたの後輩。
穏やか癒し系。控えめだけど、やるとなったら頑張れる人。
遠慮しがちで自分の思いを上手く表現できないことが多い。

はじめに ──────────────────────── 1

主な登場人物紹介 ──────────────── 5

序章　輝ける7つのツボ

話すツボって何だ？ ────────────────── 16

創業前のスタートアップで、
　上場企業との取引を獲得したコミュニケーション ───── 20

話すツボのおかげで営業いらず ────────────── 22

「こささだからできる」のか？ ──────────── 26

1章　1.顔のツボ・2.胸のツボ・3.脚のツボ

1. 顔のツボ　〜会議室編〜

顔のツボとは ──────────────────────── 33

顔のツボは当たり前？　いやいや…… ──────── 35

2. 胸のツボ　〜喫茶店編〜

胸のツボとは ──────────────────────── 41

3. 脚のツボ　〜電車編〜

脚のツボとは ──────────────────────── 43

押しどころが見つからない場合は？ ──────── 48

1つ目の顔のツボ〜3.脚のツボは
　デキる営業パーソンなら押している ────────── 50

もくじ

こっさん先生Check!
顔・胸・脚のツボを押す秘訣 ………………………… 55

まとめ ……………………………………………………… 56

2章　4. へそのツボ

ツボを見つける　へそのツボとは ……………………… 60
へそのツボを押す秘訣 ……………………………………… 63
初対面でも4つ目のツボを押す方法 …………………… 65
嫁が戦闘機が好きだとは予想だにしなかった ………… 68
ヒアリング力の付け方 …………………………………… 70
「ロイスへの質問」 ………………………………………… 80
へそのツボを押す秘訣（異性を口説くつもりで仕事をしろ）…… 82
なぜ男性は女性が髪を切ったことに気づかないのか ……… 84
怒れる居酒屋店員 ………………………………………… 88
「ありがとう運動」 ………………………………………… 90

こっさん先生Check!
前後半の越えられない壁 ………………………………… 95

まとめ ……………………………………………………… 96

前半まとめコラム
～話すツボは魔法のコミュニケーション術～ ………… 97
7つのツボの魔法　実践者インタビューⅠ …………… 99

3章　5.お尻のツボ

ドライブ編

相手との距離を一気に近づけるお尻のツボとは ──────── 104

キュートな部分を探せ ──────── 107

いやらしくならない方法 ──────── 108

お尻のツボを触る注意点 ──────── 111

お尻を触って一瞬嫌な顔をされたら ──────── 113

まとめ ──────── 116

7つのツボの魔法　実践者インタビューⅡ ──────── 117

4章　6.背中のツボ

レストラン&バー編

背中のツボとは ──────── 123

ヘソと背中はニアリーイコール ──────── 125

ツボを押す練習　決めつけてみる ──────── 129

背中のツボは難しい ──────── 131

「最近いいことあったんですか?」でもOK ──────── 132

言われ慣れている人にも効くの? ──────── 139

まとめ ──────── 142

7つのツボの魔法　実践者インタビューⅢ ──────── 143

5章　7. 心臓のツボ

海辺のBBQパーティー編

心臓のツボとは？ ……………………………………… 149

実は○○さんって××ですよね？ ……………………… 150

5つ星ホテルのおもてなしのやり方 …………………… 154

「気持ちよさ」の正体 …………………………………… 156

だから5つ星ホテルに週1で泊まる …………………… 159

一流のおもてなしは、仕事にも活きてくる …………… 161

パワースポットとしての一流ホテル …………………… 163

5つ星ホテルが難しいなら1人1万円以上のディナーに … 165

その人になりきってコミュニケーションをする ……… 169

「偉い人」ほど心臓のツボに強く響く ………………… 175

敏腕な人にも効く ………………………………………… 177

プレゼントというコミュニケーション ………………… 182

プレゼントでダメ押し …………………………………… 187

お礼状 ……………………………………………………… 188

コミュニケーションとは結局、愛である ……………… 190

まとめ …………………………………………………… 194

後半まとめコラム

〜話すツボはコミュニケーションの魔法〜 …………… 195

最終章　コミュニケーションが自分を助けてくれる

仕事とはコミュニケーションだ ················· 200

職場での立ち回り方 ························· 201

コミュニケーションの王道 "会話" について見直す ········· 204

究極のマーケティング ························· 213

おわりに ······························· 221

序章 輝ける7つのツボ

顔のツボ

心臓のツボ

胸のツボ

背中のツボ

お尻のツボ

脚のツボ

へそのツボ

後輩A　ひなた係長〜！　ゆい主任〜！

ひなた　おぉ──　Aちゃんどうした？

　あはは、そんな、汗だくで走って来なくても…。

後輩A　はぁっ、はぁっ…（息をきらしながら）　あ、の…お2人に相談にのっていただきたいことがあって…。

ゆい　（微笑みながら）　なぁに？　相談って。

後輩A　はい…実はわたし、お客さんとなかなか思うように関係が築けなくて悩んでるんです。この仕事向いてないんじゃないかなぁって…どうやったら先輩たちにみたいに大人気でひっぱりだこの営業パーソンになれるのか、教えてくださぃ〜！　う、うぅっ…。

ひなた　おいおい、泣くなよ、大丈夫やから…。

ゆい　そうよ。わたしたちだって、ぜんぜん上手くいかなくて悩んでいた時期があったんだから。

後輩A　えっ、（涙をふきながら）　そうなんですか…!?　そんなふうには全然見えないです！

ゆい　ほんと？　ありがとう。そう言ってもらえるようになれたなんて頑張ったかいがあった。嬉しいわ。あ、そうだ。Aちゃんに、いいものあげる♪

　はい。これ。**わたしたちの『御守り』**。

後輩A　オマモリ？？？　これは手帳…？？

ひなた　そうそう。これな。この手帳のおかげで、辛い時や、どうしたらいいかわからなくなった時、ずいぶん救われたし、僕自身今も助けられてんねん。

ゆい　ひなた先輩、わたしもそうです。

　Aちゃん。これね、『7つの話すツボ手帳』っていうの。

後輩A　**7つの話すツボ手帳**…？？

ゆい わたしたちが、Ａちゃんみたいに上手くいかなくて悩んでいた時代にね、**コミュニケーションの達人**と呼ばれている１人の社長さんに出逢ったの。

その先生に教わったメソッドがまとめられている手帳だよ。

ひなた そう。（ゆっくりうなずきながら）

お客さんのところに訪問する前や、会議の前、大きな契約の時なんか、この手帳に書かれていることを毎回見返して、**コミュニケーションで大切なこと**を忘れていないか今でもチェックして臨んでるんや。

僕らは、この手帳に書かれている『**７つの話すツボ**』の教えなしには、ここまでこれなかったよな〜。

ゆい はい。ひなた先輩のおっしゃる通りです。あの時、こっさん先生に出逢えたこと本当に感謝しています。人生の転機でした。

後輩Ａ わっ、面白い！ このページに載ってる、この**人体模型図**（口絵参照）みたいなのは何ですか!?

ひなた あぁ、これが僕らをトップ営業パーソンに導いてくれた『**相手が思わずハグしたくなるコミュニケーション術**』の肝やで。

後輩Ａ わぁ！ そのメソッドが気になります！ ハグしたくなるくらい人から好きになってもらえるってことですよね!? わたしも大人気の先輩たちみたいになりたいです！ わたしにもできますか？

ゆい ええ。もちろん！

こっさん先生のメソッドはね、誰でも共感される達人になれる方法なのよ。もちろんコツがあって練習は必要だけどね。この７つの話すツボ手帳に書かれてあることを、**１のツボから７**

序章

第1章

第2章

第3章

第4章

第5章

最終章

のツボまで順を追ってやっていけばいいから簡単だよ。

後輩A　わわわ！　そんなメソッドがあるなんて、神様の救いだ──！

　ひなた先輩、ゆい先輩！『７つの話すツボ』について、ぜひわたしにも教えてください!!

ひなた　OK、いいかな？　例えば名刺交換をするタイミング。

　普通の人は相手の顔だけ見て終わるんや。せやけど、ちょっとできる人は視線を下に移してみる。例えばネクタイをほめたりな。

　それだけでもデキるほうやけど、まだ範囲としては胸まででバストショット止まり。もっとすごい人は、靴まで見てトークをする。靴のことまで気づいてもらった相手は、『**この人、よく見ているなぁ**』と思うよな。

後輩A　はい…。

ひなた　ここまでの内容は、ほんの序の口やで。

　もし靴まで注目したとしても、目で見える範囲のあくまで表面的なコミュニケーションで終わってしまいがちや。でも、**誰しもが公表している情報**があるやろ？　何だかわかる？

後輩A　う〜む…、誰しもが公表している情報…？

ゆい　ヒント、名刺交換したら、わかることだよ！

後輩A　あ！　わかった！　肩書きですかっ？

ひなた　そう！　正解。名刺交換をしたら、そこには部長とか社長という役職が書いてあるよな。それは体でいうと、前側にはあるんやけど、そのちょっと奥に隠れている場所。人間のへその下の、その奥には『丹田（たんでん）』といって、人の中心となる部分がある。そこまでトークで触れることができれば、相手との距離はグッと近くなるんや。

14

後輩A　むむむ…？　肩書きは前側？　さらにヘソの下の、奥のタンデン…？

ひなた　この話はまだ半分もいってないから話を進めるよ。ついておいでや。

　そして次はな、人には誰しも触れられるとちょっと恥ずかしい場所がある。わかりやすいのが、お尻や。ここを触ると、相手はポッと照れくさくなる。

　なんで照れているかといえば、そこに嬉しさがあるからや。

　トークでお尻を触ることができれば、**相手との距離はこれまでと比べものにならないくらい、一気に近づいていくんや。**

後輩A　おぉ！　なるほど！

ひなた　ハハハ、驚いた？　まだ続きがあるんやで〜。

後輩A　さらにですかっ!?

ひなた　そう、誰もが普段は誰にも見せていない歴史を持っていて、それが……。

男性の声　お──！　ひなた君にゆいちゃん、お久しぶり！

一同　？？？

ひなた・ゆい　わ───！

ひなた　こっさん先生！

ゆい　どうしてここに!?

こっさん先生　あはははは、そんなに驚かなくてもいいじゃないですか。

　いやぁ、ちょっと会わないあいだに、2人ともええ顔になったね〜。

　きみたちの評判は聞いてるよ。なんか凄い頑張ってるらしいなぁ。

　今日は、きみたちの会社の支社長に呼ばれてね、相談を受け

15

ていたんですよ。２人とも出世されたんだね。教え子の活躍は僕も嬉しいです。

　懐かしいですね、あれからもう３年くらい経つのかな？

ひなた　そうですね。いや～、すっかりご無沙汰してしまいすみません。

ゆい　あっ。先生！　紹介させてください。こちらわたしたちの後輩のＡちゃんです。

後輩Ａ　は、初めましてっ。Ａと申します！　今、こっさん先生の話すツボのお話を伺っていたところです。わたしも先輩たちみたいになりたくて…。こっさん先生、どうぞ、わたしにも、『７つの話すツボ』伝授していただけませんか。

こっさん先生　ひなた君たちの可愛い後輩なら、放ってはおけませんね。僕でよければいいですよ。お話ししましょう。お時間大丈夫ならあそこのベンチにでも座りましょうか。

話すツボって何だ？

こっさん先生　『話すツボ』についてまずは根幹の部分からお伝えしますね。

　話すツボは、体の部位になぞらえられる７つのツボを押せばいいと言っても、あちこち適当にその部位を押さえていても時間が無駄になるだけだからね。

　イメージできるかな。人間の体にいくつもツボが存在しているように、人間同士のコミュニケーションにも実は「ここを押さえるべき」というポイントがあるんです。それはいわば、コミュニケーションや話すツボ。

後輩Ａ　はい。押さえるべきポイントか…メモメモ…。

序章

第1章

第2章

第3章

第4章

第5章

最終章

こっさん先生　そうそう、わかりやすい例がありました。この
あいだ、肩がヒドく凝ってしまってね、辛くて仕事に手がつけ
られないんでマッサージに行ったんです。しかしマッサージ屋
のオッチャンは、僕が「肩が痛い」と言うのに、背中ばっかり
擦るんです。「いや、もっと肩を重点的に押してくれよ」と思っ
てたんですが、不思議なもので終わった頃には肩の痛みがス
ーッと抜けていきました。オッチャンいわく「**こささ**さんの肩
のコリは、背中から来ているで」と。

後輩A　たしかに。そう言われることありますね…。

こっさん先生　姿勢の問題で背中に負荷がかかって、筋肉は連
動しているから肩が引っ張られる形でコリになっている。背中
のツボを押すことで、肩こりの原因になっていた張りがほぐれ
て、連動して肩も楽になった。

　しかも、不思議なことにオッチャンは全然力を入れてなかっ
たんですよ。「これは相当凝ってますね」と言っていたのに、「ほ
んとに、効くのか!?」と心配になるくらい弱い力加減でした。

　こんなふうに**よいマッサージというのは、ツボや痛みのもと
になっているポイントを見つけて、絶妙な力加減で押していく**
よね。

　当たり前なんだけど、マッサージではツボを「見つけて＋押
す」という組み合わせがモノを言う。そして、「ゴッドハンド」
と呼ばれる人は、ツボを見つけて絶妙な塩梅で押していく。

　そうやって多くの悩める人たちを癒やしてくれます。こうい
った施術は終わったあとにはスッキリした気分になって、また
頑張ろうという気力もわいてくるでしょ。

後輩A　ホントそうですね！

ひなた　（にやりとしながら）　さて、ここでAちゃんに問題！

17

マッサージでは、ツボを上手に押せば、痛みがスーッと消えていきます。血行もよくなって、スッキリする。では、**話すツボを押した場合は、どうなるでしょうか**。わかるかな？

後輩A　うーん…?!　ええぇ。

こっさん先生　あはは、難しかったかな？

　答えは──、『共感』を得ることができるんですよ。

後輩A　なるほどー…『共感』ですか！

こっさん先生　そう。そして、その共感は人間の感情と深く結びついている。

　つまり、さり気ない一言がきっかけで、「あ、この人は気が利く人だ」と思ってもらったり、「信用に値する人だ」と評価されたり、あるいは感情があふれ出して、思わず泣き出してしまう人もいる。

　誰もが深いコミュニケーションを取る方法を知りたいと思っているよね。では、どうすればツボを押すことができ、そして共感を得るコミュニケーションが可能になるのか。

　まずは「**相手が快になるポイント（ツボ）」に『気づく』**こ

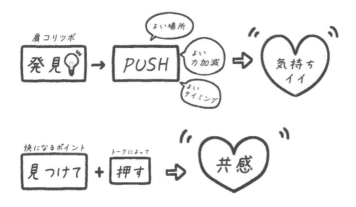

となんだよ。そして、**気づいたツボを自然な「トーク」によっ
て『押してあげる』**ことなんです。

後輩A　「ツボに、気づいて押す」…。

こっさん先生　そうです。それがとても重要なんです。体のツ
ボを知ろうとする時、あなたが今さら全身をくまなく触ってみ
て、いちいち確認する必要はないよね。

「足の裏　ツボ」と検索すれば膨大な情報がヒットするように、
人間のツボの情報はすでに体系化されています。

　しかしコミュニケーションにおいては、ツボもトークも体系
化された情報を目にすることはないでしょう？

後輩A　なるほど…言われてみればたしかにそうかも…。

ひなた　だから、そこで！　Aちゃんにさっき渡した、この手
帳に書かれている「７つの話すツボ」の出番なんだよ。この手
帳では、**コミュニケーションにおいて押さえるべき７つのポイ
ントを「話すツボ」として**伝えてくれてるんだよ。

こっさん先生　このメソッドを知る前と後では、きみのコミュ
ニケーションはきっと、見違えるように変わっていきますよ。

後輩A　は、は、はい！　頑張って勉強しまっす！

ゆい　うふふ、最近では、**コミュニケーション能力は「コミュ
力」ともいわれて注目**されていますもんね。

こっさん先生　そうですね。学校では教えてくれないけれども、
ビジネスを成功させ、人生を上手に生きていくには必須のスキ
ルだといわれています。そんな背景もあってか、なんだか難し
そうなイメージも持つ人もいるでしょう。

　ですが、冷静になって考えてみれば、そのハードルは全然高
くないことがわかるはずですよ。

序章

第１章

第２章

第３章

第４章

第５章

最終章

19

創業前のスタートアップで、上場企業との取引を獲得したコミュニケーション

こっさん先生 僕はコミュニケーションを専門的に勉強したり、大学で研究したわけではありません。主にシステムの運用などを手がけているＩＴ企業の社長です。ＩＴ企業で、しかもエンジニア系といえば、トークよりも技術力が重要、あるいは０か１かのデジタル的なコミュニケーションをしがちというイメージを持たれるかもしれません。

　技術力が重要なのはいうまでもありませんが、**僕の会社がここまで成長できた背景には、周りの人に恵まれたことが欠かせません**でした。

ひなた あ、そうだ。先生が創業された時のミラクルな話をぜひしてやってください！

こっさん先生 いいですよ。僕はフリーランスのエンジニアから、会社を創業しました。新しいウェブサービスを思いついて起業するなら別ですが、普通、今やっていることの延長で行う起業や独立は「勝算」があって行うものです。当時の僕の状況であれば、創業後も常駐していた企業と取引してもらえる保証があってこそ思い切った決断ができるもの。ところが当時の取引先は名の知れた上場企業でした。

後輩Ａ 相手が大企業だから安心ですね。

こっさん先生 いやいや、とんでもない。会社対個人ならまだしも、会社対会社となると取引先の選定には厳格なルールがあるんですよ。

　例えばこんな感じです。

・設立から３年以上経っている

・従業員が100人以上

・個人情報保護に関する認定を受けている

　自分でも驚くほど、１つも当てはまっていなかったんです。ちなみに、これは最低条件です。この３つが揃った企業の中から選ばれる。つまり、僕が立ち上げようとしている会社は、スタートアップなのにスタートラインにも立っていない状態。作ったばかりのちっぽけな会社なんて相手にしてくれるはずがないんです。……普通なら。

後輩Ａ　えぇっ、それではどうされたんですか!?

こっさん先生　会社を立ち上げる前に、社内のツテを頼って担当者に探りを入れてみたんです。結果は「登記もされていない会社の審査は不可能」と一蹴されてしまったんです。審査すらしてもらえなかった。そこで僕は、思い切って登記してみることにしました。もう、**伸るか反るか**の状況です。

後輩Ａ　わー、ドキドキする〜〜。

こっさん先生　結局は、箸にも棒にも掛かりませんでした。このままでは、会社を立ち上げた瞬間から取引先なし。フリーで１人で働いていた時のほうがよっぽどマシな状況になってしまうと思いました。

　でもね、**僕には切り札があったんです**。決裁権のある立場に多くの知り合いがいたんです。いや、僕のことを知らない人がほとんどいなかったといったほうが正しいでしょう。「あの人に頼み込めばなんとかしてくれるかも」という感覚はありました。

ゆい　それは日頃の関係性があるから持てる感覚ですよね〜。

こっさん先生　そうなんです。これは後から聞いた話ですが、

序章

第1章

第2章

第3章

第4章

第5章

最終章

ある部署の上席の方が却下された僕らの書類をたまたま見て「あれ？　これ**こささ**の会社やないか。何でこれ却下になってるねん。これは絶対に通せ」と言ってもらえていたんです。この鶴の一声で取引が内定。当時は意識はしていませんでしたが、フリーで働いている時から、自然と取引先の人たちのツボを押していたのだと思います。**日頃のコミュニケーションのおかげで、切り札すら使わずに取引することができた。**

ひなた　慣例を重視しがちな大企業では、本当にあり得ない状況ですよね。

こっさん先生　まったくその通り。ですが、この取引によってウチは、もともとスタートラインにすら立てていないはずが、スタートダッシュを切ることができました。

　こんな例はごく一部で、こうやっていろんな人にひいきにしてもらっています。本当に多くの方によくしてもらっています。それは、特許を取るようなずば抜けた技術力だとか、湯水の如く使う接待の賜物ではありません。コミュニケーションのおかげで、ここまでやってこれたと言っても過言ではないです。

後輩A　**慣例を覆すほどのパワーが、コミュニケーションにはあるのか…。**

💬 話すツボのおかげで営業いらず

こっさん先生　普通は「７つの話すツボ」を実践するだけでそんな上手いこといくわけがないと思われるかもしれません。しかし、それをまさに体現しているのが僕の会社なんです。

　弊社は無事に９期目（2020年時点）が終わりました。おかげさまで業績は順調に伸びています。決して大きな会社とは言

えませんが、取引先には大手の金融会社などがたくさんあって、いわゆる「お堅い会社」が並んでいます。そういったお堅い会社がシステムの運用をする場合には、大手の子会社と取引するのが一般的ですから、弊社は業界的にちょっと異例なケースと言えるでしょうね。

　通常、僕のところのようなシステム会社には「営業チーム」が存在しています。彼らが案件を受注してきて、エンジニアチームが動く。そうやって両輪が回るイメージです。しかし、**僕の会社には営業の担当者がいません。**

ひなた　わぁ～、そうだったったんですね。…ん？　じゃあ一体どうやって営業を？

こっさん先生　そう思うでしょう。これは、エンジニアが営業パーソンも兼務していたり、あるいは社長である私が足で稼いでいるわけでもありません。**この9年間、ずっと営業なしでやってきました。それなのに取引は増え続けているんです。**

一同　？？？

こっさん先生　その秘訣が「話すツボを押している」ということでしょう。

　人間と人間をつなぐのが、コミュニケーションです。そのコミュニケーションは、何も日々の会話や飲み会での語り合い、気の利いた一言だけではありません。

　「仕事」そのものもまた、コミュニケーションの一環なのです。詳しくはまた別の機会でお伝えしますが、仕事というコミュニケーションにもツボは存在しています。**これを押さえることができれば、相手はあなたを何が何でも離さなくなります。**

　相手の会社の担当者とは話すツボを押して、仕事では仕事のツボをしっかり押す。こうやっていると、一度お仕事をしたお

コミュニケーションが
人間と人間をつなぐ

ツボを押すことで求められる人になる

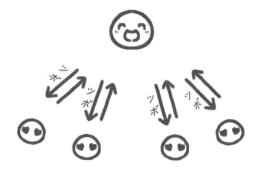

客さんが次も声をかけてくれるだけでなく、勝手にウチの会社を「営業」してくれます。

一同　！！！

こっさん先生　僕自身もビックリしたことがありました。弊社がよく取引している「Ａ社」があります。Ａ社はさらに大きなＢ社とも取引していて、「Ｂ社→Ａ社→弊社」という関係性。要は、僕の会社は孫請けのような立ち位置です。ある日、Ａ社がこの関係から手を引くことになりました。通常なら、この座

組みは解消されることになるんですが、Ａ社が「こさささんの会社とＢ社さんで、そのまま続けたらどうですか？」「Ｂ社さんにはそうなるように話を通しておきます」と言ってもらえたんです。

ゆい　わぁ〜、それって**Ａ社とＢ社のツボを押していなければ、あり得ない話**ですよね。

こっさん先生　そうなんです。他にも「１年の期間限定やけど、御社から数名技術者の増員をしたいけど何とかなる？」と声をかけてもらうことがよくあるんです。同業他社はたくさんいます。**大量の選択肢がある中で、僕の会社を思い浮かべてもらって、実際に声までかけてもらえる。**

　何度も言いますが、その秘訣こそが「ツボ」にあるんです。

後輩Ａ　「信頼関係と何が違うんですか？」

こっさん先生　そう疑問に思われるかもしれません。たしかに、Ａ社やいつも声をかけてくれる方に信頼されていることに違いはないです。しかし、その**信頼を因数分解**していくと、「ここを押さえるべき」というポイントが出てくるんです。そして、それがツボに当たります。

後輩Ａ　なんだか難しそうだなぁ…。

こっさん先生　いえいえ、大丈夫。これは僕だけができていることじゃないですからね。

　ツボの極意は、社内にも浸透していて、社員たちも自然と社外の人のツボを押しています。そうやって知らずしらずのうちに「営業」をしている状態になっているんです。

　会食はたびたびありますが、基本的に接待はしていません。ちょっと無理を聞いてもらった相手に、お礼の意味を込めてご

飯を食べにいく程度です。

　むしろクライアントにご飯に連れていってもらうことも多くあります。考えると、これはおかしな状況なんです。なぜなら弊社はいわゆる下請けだから、一般的には接待する側です。担当の部長を接待して、「外さないでくださいよ〜」とへいこらしながら、夜の街をはしごしないといけません。にもかかわらず、「いい店を見つけたので行きませんか？」と誘ってもらえているんです。立場的に一度断るのですが「いや、すでに社内で決裁を取ってきているので」とまで言ってもらえることがたくさんあります。

　これらの「ありえない状況」はツボを押している賜物と言えるでしょう。

後輩A　う〜ん、ますます期待感は高まるけれど…。

💬 「こささだからできる」のか？

こっさん先生　ではAちゃん、早速ツボについて詳しく説明していきたいところなんですが、もしかしたらまだこんなふうに思ってはいないでしょうか。

「お前だからできるんだろ」と。

後輩A　先輩たちも、凄い方々なので…本当にわたしにできるのか、自信は…ないですが…なんて、い、いえっ、そんなことはないで…すっ。

ひなた　いや〜、先生。たしかに僕も、一番最初に教わった時は半信半疑なところがありました。すみません。（笑）

こっさん先生　ハハハ、みなさんがそう思うのも無理はないんですよ。たしかに、この手のメソッドには「その人だからでき

た」という属人的な内容が多く見られるからね。

　しかし、「7つのツボ」は普遍的で、誰にでも再現性がある内容になっているんです。だからコミュニケーションに悩んでいた昔のひなた君やゆいちゃんも成果を出せたし、真面目に取り組む僕の教え子たちは、みんな結果を出していくんです。

　共感の達人と呼んでもらえる僕も、やっていることを解いていけば、とてもベーシックな考え方で動いています。もちろん、お金があればできることの選択肢は増えますよ。例えば、ここぞというタイミングでその人が欲しがっていたプレゼントを渡すことができたりする。

　しかし、それはあくまで選択肢のひとつに過ぎないですからね。お金のない学生時代には、お金がないなりに必死に考えてがんばって相手を喜ばせようとするもんです。そして相手を喜ばせることは十分に可能です。

　おかげさまで僕も「かけがえのないご縁」を増やすことができました。それこそコミュニケーションのおかげで、困ったら助けてくれる友人も多くいます。もしAさんが困っていたら、僕が一言言えばBさんの力を借りて問題をすぐに解決することもできます。でも、それも選択肢のひとつに過ぎません。ロールプレイングゲームを思い出してみてください。はじめはお金も仲間もいませんが、できる範囲で敵を倒しストーリーを進めていくことができます。そして、どんどん強くなっていく。そんなゲームの世界と、やっていることの本質は同じです。

　僕がお伝えする内容は、すぐできる話ばかりです。

ゆい　そうですね。こっさん先生の教えはとってもシンプル。しかもツボは1から7まで分かれていて、難易度順になっていますもんね。1ができたら2、3……とレベルアップしていけ

る。だから、わたしも難なくできるようになりました。

こっさん先生　その通り。そして、一度身につくと自然とツボを押すことができるようになりますからね。例えば、自転車に乗れるようになった人は「まずハンドルを両手で押さえて、サドルにまたがり、片足を……」といちいち確認したりしないよね。そして、しばらく乗っていなくても体は覚えているもんです。

ひなた　Ａちゃん、はじめは慣れなくて苦労するかもしれへんけどな。でも、慣れてくれば誰でもできる内容やから安心してええよ。

　自転車のように、話すツボもコツがわかれば難なく押せるようになるから。「自転車に乗るのが難しすぎる！」と言う人がほとんどいないように、どうやら**トークには、難しいテクニックは必要ない**みたいなんや。つまり、やろうと思いさえすれば、そして実践すれば多くの人がマスターできるということが「７つの話すツボ」を学んでよくわかったよ。

後輩Ａ　**特別な才能がなくても、実践次第で身につけられる**というのは、わたしみたいな人間には励みになる言葉ですっ。

こっさん先生　そう受け取ってもらえると僕も嬉しいです。それから、この話すツボは、みんな意識していないだけで、誰もが実は押していることでもあるんですよ。「知り合い」と呼べる間柄がいるなら、**１〜３**までのツボは知らないうちにたいがい押している。この場合、「７個貯まると次回無料」というスタンプカードを、はじめから３まで押してもらった状態で受け取るようなもんです。それならやってみようという気になりませんか？

　さらに長年連れ添ったパートナー、あるいは親友という深い

28

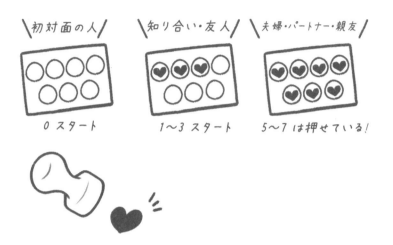

関係になる相手には知らずしらずのうちに深い部分にあるツボ、つまり5～7のツボを押しているんです。

後輩A　わぁ、イメージしやすい！　そういうものなんですか！

ゆい　そうよ。普段から「はい、5のツボ押せました」「もうちょっとで6のツボだ」などといちいち意識しているわけではないの。

こっさん先生　話すツボは、僕にとってはあまりに自然なことだったんでね。「3か月前の晩ごはんを教えてください」と言われても困ってしまうみたいに、僕の中では日常的なことになっていたんです。ですから、この7つの話すツボ手帳を制作する時に「3つ目のツボの具体例を教えてください」とか「あの時の行動はどのツボですか？」と聞かれたんですが、普段意識

していない分、的確に答えることが難しかったのを思い出します。

　逆に言えば、それくらい自然にツボを押していくことは可能なんですよ。

　あ、それから、7つという数字は大きく分けた結果だと思ってくださいね。あくまで目安として意識してもらえると幸いです。

後輩A　なるほど、無意識の行動を体系化したものなんですね。わたしもそれぐらい自然にできるようになりたい！

こっさん先生　さて、だいぶ前置きが長くなってしまったけど、ひとつひとつのツボについては、ひなた君とゆいちゃんが僕の会社にコミュニケーション修業に来ていた頃のお話を振り返りながら明らかにしていきましょうかね…。

1章 1.顔のツボ2.胸のツボ3.脚のツボ

ムギュ度 ♥.♥ ♥.♥ ♥ ♥

~会議編、喫茶店編、電車編~

1.顔のツボ

～会議室編～

コンコン （ドアをノックする音）

こっさん先生　はい、お入りください。

ガチャ　（扉開く音）

ひなた　失礼しまっっす!!

こっさん先生　はいどうぞ。

　や～！　ひなた君にゆいちゃん。お２人ともよく来ましたね。どうぞこちらにお座りください。

ひなた　はい！

ゆい　こっさん先生、今日から…どうぞよろしく…おねがいし

序章

第1章

第2章

第3章

第4章

第5章

最終章

ますっ。

こっさん先生　あはは、ゆいちゃん、そんなに緊張しなくても大丈夫ですよ。

　きみたちの会社の支社長からお2人は「上を目指して頑張っていきたい」と思ってらっしゃるって聞いていました。「使える奴になるように教育してやってくれ」って言われていますから、こちらこそどうぞよろしくお願いします。僕はお2人より少し先に生まれて来た分、経験もあります。

　あちこちの企業さんから頼まれていろいろな方がコミュニケーション修業にやってきますし、名前は言えませんが、きみたちの会社の先輩なんかも僕のところに学びに来ていました。

　その子も今では立派に出世されて上司の方からの信頼も厚く、お客さまからの評判もいいと伺っています。

　きみたちが真面目に頑張っていこうと真剣に取り組まれる限り、僕もしっかりサポートさせてもらいますので安心してくださいね。

ひなた・ゆい　はい！　ありがとうございます！

 顔のツボとは

こっさん先生　では早速ですが、話すツボの説明に入りましょう。

　まずこの『**7つの話すツボ手帳**』を渡しておきますね。テキストの代わりとでも思ってください。ここに**実践で得た学びや気づきをメモ**していってくださいね。今日は一番基本の「**社会人として常識的なマナーのツボ**」の部分についてお話しますね。

ひなた・ゆい　はい！

こっさん先生　まず1つ目の顔のツボは、コミュニケーションにおいてスタート地点で**大人としての礼儀やマナー**など**最低限押さえるべきポイント**と言えるでしょう。顔のツボは、「こんにちは」「はじめまして」と挨拶がきちんとできるかどうか、それくらいのレベルです。

　ですから特に難しいことはありません。企業の新入社員研修を一通り受けた人は、顔のツボの押さえ方を知っているはずです。

ひなた　どうして「顔」のツボになるんですか？

こっさん先生　いい質問ですね。人がリアルなコミュニケーションを取る時には、まずもっとも目につくところを見るからです。名刺交換をする時など、相手と面と向かうシチュエーションでは、まず顔を見ます。

　そして出会い方にもよりますが、初対面の人に「へー、社長をされてるんですか？」と言われても、「そうなんですよ、やらせてもらってます」くらいで終わります。いや、社長としてやりたいことや悩みなど、話すことはいくらあっても、この段階では踏みこんでまで話そうとはしません。営業部だとして「いやー、部長が数字の鬼でノルマが本当にキツいんですよ。転職を考えていて……」などと言うことはないでしょう。もちろん、その後に深いコミュニケーションに入ることは十分にありますが、それはまた別のツボになっていきます。

ひなた　たしかに飲み会でコミュニケーションを取るとしても、まずは顔を見ながら会話をしますね。

こっさん先生　そして自己紹介では、自分の仕事や飲み会の主催者との関係性などを伝えるでしょう。そこからわかる、**ごく**

ごく表面的な**トークからスタート**していくよね。

　このように、出会ってすぐの状態では、そのトークにはお互いに感情がほぼ乗っていません。言うなれば、口先だけでトークをしているんです。動いているのは口だけで、相手の顔を見て行うことから「顔のツボ」としました。

ゆい　当たり障りのない一番表面的なコミュニケーションが「顔のツボ」なんですね…ふむふむ…。

顔のツボは当たり前？　いやいや……

こっさん先生　言い忘れていましたが、顔のツボを押せたからといってメリットのようなものはありませんよ。

ひなた　ガクッ。先生いきなりそれはないっすよ〜。

こっさん先生　アハハ、申し訳ない。しかしですね、むしろ初歩的な挨拶の部分ですから、**顔のツボが押せない人は「非常識」**と思われても仕方がないでしょう。無礼な人は意外に多くいるんです。さすがに無視はないにしても、例えば名刺交換の最中にスマホが鳴って、あろうことかそれに出る。普段していなくても、急を要する状況ではついついやってしまうかもしれません。

　あるいは会話中にも、チラチラとスマホを気にしっぱなしの人。

ひなた　ドキッ！

こっさん先生　どうしても返信しないといけないのであれば「申し訳ないですが」などと一言断りを入れるべきでしょう。名刺交換後にメールなどでお礼を送る際に、名前の漢字を間違えていることも意外とやりがちです。

序章

第1章

第2章

第3章

第4章

第5章

最終章

ひなた　ひゃ～～俺、スマホ気になってよく見ちゃってるわぁ
ぁ。

ゆい　わたしもメールでうっかり名前の漢字変換間違えちゃう
ことある…気をつけなきゃ…。

こっさん先生　そうなんです。「顔のツボ」はものすごく初歩
的ですが、その半面、意外とできていない人がいるので注意し
てくださいね。

［コミュニケーションが人間関係をよくする］

こっさん先生　先ほど「顔のツボは常識だから、メリットのよ
うなものはない」と言いましたが、**話すツボを心得るメリット**
について、ここで少しお伝えしておきますね。何事も「メリッ
ト」や「やる意味」がないとやる気もでないですし、長続きも
しませんよね。

ひなた　その通りっす！（笑）　やる気が出る話をひとつお願
いしまっす！

こっさん先生　では、ここで質問です。世の中に存在する「悩
み」のほとんどは、大きく２つに分類されるんだけど、それは
何だかご存知かな？

ゆい　うーん…、何だろう…仕事と…恋愛ですか…?!

こっさん先生　うん、ゆいちゃんなかなかいい線だね。いいで
すか、よく覚えておいて。

　１つ目は、人間関係の悩みです。血を分けた家族間の関係で
も、時に険悪な関係性になります。人間関係の基本は、コミュ
ニケーション。その点、**コミュニケーションを上手く取ること
ができれば、人間関係に関する悩みはどんどん小さくなってい
きます。**

人間関係　お金

　2つ目は、お金の悩み。お金に余裕があれば防げるトラブルや解決できた悩みは数多くあります。こう言うと「結局お金かよ」と思われるかもしれないね。しかし**人間関係が上手くいくと、原則的にはお金の回りもよくなります。**

ひなた　マジっすか！　人間関係が上手くいくと、お金の回りもよくなる!!

　ひゃっほい！　付き合い上手になれたら最強じゃないですか！

こっさん先生　アハハ、そうなんですよ。理由がわかるかな？

ゆい　えぇと、仕事も…、**結局は「人と人とのコミュニケーション」**だからです…か？

こっさん先生　ゆいちゃん、ご名答！　成功者に「会社が上手くいった理由は何ですか？」と聞いたら多くの人がこう答えます。

「**みんなが助けてくれたから」「おかげさまで」**

　なかには謙遜している人もいるでしょうが、多くの成功者が口を揃えて、「いい人に巡り会えた」とか「みんなに引っ張り上げてもらった」と言っているんです。周りのおかげと言わな

い人もいるけれど、それはあえて言わないのか気づいていない
だけでしょう。たった１人で会社やビジネスが成功することは
あり得ませんからね。社員という「人」がいる。１人社長だと
しても、取引相手という、これまた「人」がいます。

　例えば今では何千億円の資産を保有する起業家も、その自伝
を読むとピンチの時に助けてくれるキーパーソンがいるもので
す。

　なかには「運がよかった」とか「成功の秘訣はタイミング」
と言う成功者もいますが、**絶妙なタイミングで「人」に出会っ
ている。**

　別に起業する気がなくても、仕事の現場においては他人との
コミュニケーションは必須なんです。

　平社員だとしても、コミュニケーションが上手いとチャンス
をつかみやすくなります。取引先に気に入られて発注が取りや
すくなるかもしれないし、上司の懐に入りやすくなるかもしれ
ない。ピンチの時に同期が助けてくれたり、優秀な部下がつい
てくれやすくなったりする。

ひなた　それ大事っすね〜、俺すぐやらかしちゃうからしょっ
ちゅうピンチ…身に染みる…。

こっさん先生　さらにいい知らせがありますよ。コミュニケー
ションが上手く取れるようになると、**他人があなたを放ってお
かなくなる**んです。万が一、あなたが失業したとしても「ウチ
の会社においでよ」とか「知り合いの会社が人を探してるけど、
つなごうか？」などと紹介してくれる可能性はグンと上がるで
しょう。

　コミュニケーションが取れれば、つまり、話すツボを上手い
こと押すことができれば、少なくとも食うに困ることはなくな

るということです。

ゆい わぁぁ…、自分の 「味方が増える」「応援者が増える」 ということですね…！ 話すツボの力、凄い！

こっさん先生 そうでしょう。マスターしない手はないでしょう。

　きみたちみたいな営業パーソンはもちろんだけど、そうでなくても今は時代が激変している真っ只中です。本当に何があってもおかしくない時代だからこそ日頃から、応援者が増えるようなコミュニケーションをして多くの人から愛されていることは大切です。いつかその身を助けてくれますよ。

ひなた こっさん先生〜、その言葉、むっちゃ響くっす…。

こっさん先生 はぁ、よくしゃべりました。なんだかちょっとのどがかわきましたね。隣のビルの喫茶店へ移動しましょうか。

ひなた・ゆい はーい！

序章

第1章

第2章

第3章

第4章

第5章

最終章

2.胸のツボ

～喫茶店編～

カランコロン　（扉の開く音）

店長　あらッ。こっさん先生、こーんにちは。いらっしゃいませ！

こっさん先生　こんにちは。店長さん、いつも笑顔がすてきですね。

店長　まぁ嬉しい。いつも紳士な、こっさん先生にそうおっしゃっていただけると、ますます笑顔になっちゃうわ〜♪

ひなた　アイスコーヒー２つと温かいレモンティーを１つください。

店長　はい、かしこまりました。こっさん先生、いつもありがとうございます。お連れ様もごゆっくりどうぞ～。

ゆい　先生先生、古い喫茶店だけど、流行ってるお店ですね～。満席だ。

こっさん先生　そうなんですよ。ここの店員さんは店長だけじゃなく、みんな明るく気持ちのいい接客をしてくれますからね。だからやっぱり繁盛するんですね。

　いつ来ても元気をもらえる。そんな人がいる場所に人は集まりたくなるよね。

　人から「また会いたい」と思ってもらえることって、コミュニケーションにおいてとても大切なことだよね。

　お2人は誰かと接する時、どんな時でもそんなことを意識して過ごせているかな？

　…さぁて、と。そろそろさっきのツボの続きを話しましょうか。

ひなた・ゆい　おねがいしますっっ！

 ## 胸のツボとは

こっさん先生　手帳のイラストページ（※口絵参照）を見てください。顔のツボの次は、**「胸」のツボ**です。顔（口）の常識的な挨拶のあとには、もう少しトークを続けます。その時、相手の見た目に触れることが一般的です。**少し観察するとわかるレベルのもので多くの人が気づく箇所**です。

　よくあるのが「そのネクタイ素敵ですね」「その時計カッコいいですね」というトーク。さっき僕と店長とのやりとりも見

た目に触れるやりとりがありましたね。わかりましたか？

ひなた　え、そんな話あったっけなぁ…。

ゆい　はい…。店長さんの笑顔をほめたくだりですね。

こっさん先生　そう。こういった雑談は、「**上半身**」に集中することが圧倒的に多いんです。なぜなら人の視線は話している相手の顔からスタートし、重力に従うように上半身へと降りてくるから。要は、顔の次にパッと目に入るのが上半身なんです。

　ここでは、あくまで一番視線の集まりやすい「胸」として分類していますが、**エリアとしては「上半身」**と言っていいでしょう。

　顔のツボに比べ、胸はその人のパーソナルな部分に一歩踏み込んだ形になります。なので人は、胸のツボを押されると「あ、この人はなんだか感じがいい」「きちんと見てくれているな」といういい印象を持ちます。

　ただし、あくまで「上半身だけ」見てしゃべっているので、相手に与えることができる共感はかなり限定的ではあります。一般的な営業パーソンであれば、胸のツボは自然に押せていますし、押せたからといって目に見える変化は、まあ訪れないでしょう。

ひなた　むむぅ…、**胸のツボも、まだ常識的なコミュニケーションの範囲**って感じなんだなぁ〜。

ゆい　こっさん先生。今日はどうもありがとうございました。顔のツボと…胸のツボ…意識してやってみます。初歩的なことでも…、おろそかになっていることってあるなと思いました。では、駅の方向が違うので、わたしはこちらで失礼します。

こっさん先生　日も暮れてきたので気をつけてお帰りくださいね。

ひなた　ゆいちゃん、おつかれさま！

3.脚のツボ

~電車編~

　脚のツボとは

ガタンゴトン　（社内アナウンス）「次は〜淀屋橋〜」

ひなた　こっさん先生…。今日の続きは、顔のツボ、胸のツボときたら、次はお腹のツボあたりっスか!?

こっさん先生　あはは、残念！　胸（上半身）の次は、「脚のツボ」です。

　目線が、顔から来て上半身まで下がって、そして、上半身の

序章

第1章

第2章

第3章

第4章

第5章

最終章

先にあるのが脚。エリアとしては下半身になるんです。

　脚のツボは「その靴、カッコいいですね。こだわっているんですか？」「オシャレな靴下ですね。色合いがとても素敵ですね」というコミュニケーションをイメージすればわかりやすいんじゃないかな。

ひなた　お！　やった！　俺、靴が好きなんで、足元は見てます！　それでよくお客さんと盛り上がったりします！

こっさん先生　いいですね。脚のツボを見られたら、胸のツボ、つまり上半身だけ見ているよりも**「全身をしっかり見ている感」**が出るんです。

　これは上半身と比べるとわかりやすいでしょう。上半身は割と目につくエリアなので「素敵なネクタイですね」とこちらが言っても、言われ慣れている人は多いと思います。その時、「この人はよく見てくれている」と実感することはないでしょう。

ひなた　へー、そんなもんなんですかね。

こっさん先生　もちろん何も言わないよりは効果はありますが、胸（上半身）のツボの効果は限定的なんです。

　人はなかなか下半身まで意識が行き届きません。特に、名刺交換など面と向かっている距離感であればなおさら。せいぜい胸の辺りまででしょう。立食パーティーのような全身が見えやすいシチュエーションでも相手のつま先まで意識を持てるかと言えばなかなか難しい。

　だから、下半身まで見て気づいてもらった時には、多くの人が**「あ、よく見てくれているな」「この人は視野が広い」と思ってもらえる**でしょう。「気が利く人に違いない」と思ってもらえるかもしれませんし、なかにはちょっと気分がよくなる人もいるんじゃないでしょうか。

ひなた　そうですそうです、よくお客さんは「あっ、気づいてくれた？」「そうなんだよ、実はこの靴なんだけどね…」と能弁に話し始めてくれます！

こっさん先生　素晴らしいですね。それこそが、まさに「**ツボを押している**」状態なんです。相手の共感するポイントを押さえていることになります。

ひなた　共感ポイントを押す…なんて今まで考えたことなかったですが、俺、無意識に脚のツボを押すことができていたんですね。もしかしてセンスありますかね!?　なーんて。たまたまなんスけどね！　えへっ。

こっさん先生　あはははは。そうですね、ひなた君はなかなか「センスがある人」ですね。

　しかし、**今まで脚のツボを押せていなかった人もこのツボを知れば、誰でも「センス」を今からでも身につけることができる**んです。

　脚と言っていますが、1つ目のツボである顔と2つ目の胸も含まれますから、要は「**全身**」となります。

　全身をよく見ていないと見落としてしまいそうな部分。靴、靴下、ピアス、ヘアアクセサリー、服のディテール部分（袖、襟、裏地など）、トータルで色を合わせているなどのコーディネート、声のトーン、話し方などです。

　ただし、**全身といっても正面から見えている**範囲に限られます。いくら大きな姿見でも、正面を向いたままあなたの背中や、ましてやあなたの胸の内までは見ることができないのと同じです。

ひなた　細かなピアスや洋服の裏地。それから声のトーンや話し方!!

序章

第1章

第2章

第3章

第4章

第5章

最終章

そんなところまで注目するンッスか!? 調子に乗ったけどさっきの顔のツボや、胸のツボもちゃんとできてなかったから、よくよく聞くと俺、センスある人には全然届いてなかった! ガックシ…。

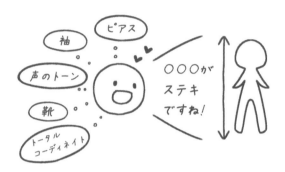

こっさん先生 いえいえ落ち込まなくても大丈夫。先ほど7つのツボを「レベルアップするように」と言ったけれど、3つ目のツボまでは順番にアプローチしていく必要はないんですよ。というのも「まずは上半身をほめて、その次に下半身をほめて……」とあからさまにほめていくのは、相手から気持ち悪がられるリスクもある。マニュアルっぽくなると、逆効果にもなりえるからね。

ひなた そうなんですね!? 3つ目まではむしろ順番に押さなくていいんだ。よかった!

［いやらしくならないトークのコツ］

こっさん先生 「とにかく意識すること」と言っているように、3つ目までのツボは心持ちひとつで、誰でも押せる領域です。ただし意識して気づくだけでは不十分です。それを伝えない

といけません。いくら気づいても、それを言葉にしなければ考えていないのも同然です。

ひなた　『伝え方が9割』（佐々木圭一　ダイヤモンド社）という本がミリオンセラーになるくらい、伝え方が重要な世界ですもんね。では、どういう言い方がいいんでしょうか。

こっさん先生　例えば、相手をほめるとします。こういったシチュエーションでは、往々にして「**いやらしく**」なりがちです。あるいは社交辞令っぽくなってしまいます。

　しかし**3つ目の脚のツボまでは、「見たまんま」**伝えてしまって問題ありません。変に気取る必要はないんです。靴がかっこよければそれをほめ、時計がオシャレならそれをほめます。

ひなた　じゃぁ、「カッコいいですね」「オシャレですね」「それ、どこの何ですか?」くらいのストレートなトークでも十分なんですか?

こっさん先生　そんな感じでOKです。なぜ気取る必要がないのか。

　それはまず、ほめることがすべてではありません。同じように、ブランド物を瞬時に見つけることが大事でもありません。

　3つ目の脚のツボまでは、相手から「あ、この人は、私のことをきちんと見てくれているんだ」と伝わることが大事なんです。

　なかには、ほめるポイントや触れる事柄が特にない人もいるかと思います。いや、そんなシチュエーションは意外と多いかもしれませんね。でも、慌てることはありません。誰しも何かしらつかみどころはあるものです。

　例えば、見るからにノーブランドのアイテムでも「なんか落ち着いた色でいいですよね」「爽やかな格好ですね」というト

ークでも相手に共感を与えることができるんです。

ひなた　それならできるような気がしてきました！　こんな簡単なことで、相手にちょっとした共感を与えることができるんですね。

こっさん先生　こういった**小さな共感が、のちのちの大きな共感の入り口**になってくるんですよ。

押しどころが見つからない場合は？

ひなた　もし、それでも触れる部分がなければ……。例えば、相手がものすごいヨレヨレの格好をしている場合。ありますよね。そんな時はどうしたらいいですか？

こっさん先生　まず考えないといけないのは「**その相手にツボを押す意味があるのか？**」という点です。誰彼構わず話すツボを押していく必要はありません。あなたの時間にも限度があります。つまり、そんなヨレヨレな格好をしている人であれば、話すツボを押す必要がないのかもしれない。挨拶など最低限の対応をしておけばいいかもしれないのです。

　ですが、時に見るからにだらしない格好をしている人が、自分にとって重要な人である場合があります。そういったパターンでは、服がヨレヨレなのは何かしら意味があるかもしれません。実はビンテージ品でめちゃめちゃ高いかもしれませんし、あるいは「服選びで脳のリソースを使いたくない」というＡｐｐｌｅ創業者スティーブ・ジョブズのような考え方の持ち主かもしれない。まあ、かなり極端な例ですが、極端な例も押さえておけば対応できる幅も広がるでしょう。

　パッと見て、「あ、つかみどころがない。どうしたらいいん

だろう？」という時に僕がやっているのが、周囲の人に情報を聞いておくことです。

「あの人って誰？　え、そんなすごい人なの？　でもちょっと待って、すごいヨレヨレやん。いつもそうなん？」というふうに聞いてみる。

　さり気なく情報を仕入れてから相手と接すればいい。外見につかみどころがなくても、何かの団体などに所属していれば、それもトークのきっかけになります。服がヨレヨレに限った話ではなく、**つかみどころがないと思えば、周りの人に聞いてみましょう。なにかしらの共通点はあるものです。**また、そんな時は表情やしぐさをほめてみましょう。

ひなた　脚のツボ押しで一番大事なのはなんですか？

こっさん先生　それは「**全身を見ている感**」が伝わるかどうかです。

　というわけなので、「困った、つかみどころがない」という場合でも、ちょっとした工夫で難なくツボを押すことができます。

「〇〇さんから聞いたんですけど、やっぱりそういうスタイルをずっと貫けるっていいですよね」「ポリシーがあって続けられているのって、何か格好いいですよね」など、トークの内容は何だっていいんです。

ひなた　注意しないといけないことはありますか？

こっさん先生　そうですね。しいて言えば「ヨレヨレの服にも何か意味があるはずだ！」と勝手に判断してしまうことでしょうか。勝手に判断して「こだわりがあるんですね」と言って、実は何のこだわりもない場合は事故になってしまいます。そうやって、かえって悪い結果になるリスクも十分にありえます。

序章

第1章

第2章

第3章

第4章

第5章

最終章

そこで、確かなことがわからない限り、つまり**脚のツボの輪郭がわかるまでは僕は近づかない**ようにしています。

ひなた　なるほど…。

こっさん先生　ちなみにトークの中で「服に対するこだわり」まで踏み込むことができたら**4つ目以降のツボを押す**ことにもつながります。この辺りの話は後日しっかりお伝えしますね。

ひなた　はい。お願いしますっ。

☀ 1つ目の顔のツボ〜3.脚のツボは デキる営業パーソンなら押している

こっさん先生　初対面で相手に好印象を与えるなど、実は、「**デキる**」**と評価される営業パーソンの多くは脚のツボをしっかりと押さえています**。書店に行って、「伝説の営業パーソン」の仕事術などを見ていると大体、脚のツボをしっかりと押さえています。

　ですが、この先でお話しする5つ目のお尻のツボ以上の内容の本を見かけることはほとんどありません。その人のことを頭のてっぺんから、つま先まで見渡せるが、目に見えている部分で止まってしまっている。そんな本を目にするたびに「もったいないな」といつも思っていました。

　あるいは、話すツボのメソッドで言う4つ目のへそのツボまで触れてはいるものの、感覚的に伝えている印象が強いですね。要は、**わかりやすく解説されていない、みな上手く言語化できていない**んです。

　厄介なのが、その手の本ほど「応用編」が難関大学レベルで難しいのです。話すツボで言えば、3つ目の脚のツボが意識で

きたと思ったら、いきなり7つ目のツボに飛んでしまうような
もの。ゲームで言えば、第3ステージまでクリアしたら、いき
なり最終ステージのラスボスに挑むような内容になっています。
ひなた　たしかに俺も今までコミュニケーション本は何冊か読
んでみたことありますが、いざ実践となると、どういうふうに
したらよいのかわからなかったり、「会話はまず天気の話から」
とか「趣味の話をきっかけに、共通の話題を探せ」「出身地を
聞いてシンパシーを」みたいな表面的な感じのものばかりでし
たね。
こっさん先生　テクニックに走りがちなものが多いです。
「貧しい人に対し、魚をあげるか、魚の釣り方を教えるか」と
いう有名な話があります。目の前でお腹を空かせているからと
いって魚をあげてしまうと、あなたがそばに居続けないとこの
先もお腹が減りっぱなしです。
　同じように**小手先のテクニックを覚えても、再現性がありま
せん**。もちろん、上手くいくこともあるけれど、別のシチュエ
ーションで応用が利かなくなってしまう。相手が男性なのか女
性なのか、上司なのか部下なのか、同僚なのか他社なのか、世
代によっても違ってきます。そんな組み合わせは無数にあるわ
けですから、小手先のテクニックに頼っても仕方がないですよ
ね。大学受験用の赤本を丸暗記しても仕方ありません。しかし、
方程式を知れば応用することができます。原理原則を知ってい
れば、各シチュエーションに応じたトークを繰り広げることが
できるんです。
ひなた　ほんとだ！　臨機応変に対応できないと意味がない！
こっさん先生　次回お話しする4つ目のツボ以降、グッと難易
度が上がっていきますよ。

ひなた　それはなぜですか。

こっさん先生　ちょっとカッコつけた言い方をすれば、次元が変わるからです。

　脚のツボまでは初心者向けでした。しかし、３つ目と４つ目は別次元の話。

応用できる力を養うことが大事

　なぜなら、あくまで脚までのツボは見た目の問題だから。見た目から入ってくる情報だけでツボを押しています。あなたがマッサージ師だとしたら、横になっているお客さんを見て「猫背になっているな」とか「左より右肩のほうが上がっている」といった感覚。あるいは「どんなお仕事をされているんですか？」「デスクワーク中心で」という情報を得た段階です。

　これであれば、素人でも「パソコンを見る時に、前のめりになって首の負担が……」などと痛みの原因を推測することができます。

　でも本当の患部や痛みの原因になっている箇所は、触ってみ

ないとわかりません。そして原因はたいてい筋肉の深い部分に潜んでいるものです。

　同じように４つ目以降のツボは、どんどん深くなっていきます。**難易度は上がっていきますが、同時に相手に与える共感も強く**なっていきます。

　なので、今日お伝えした**３つのツボは基本中の基本**ですからきちんと押さえられるように取り組んでみてください。ゆいちゃんには明日会う予定があるので脚のツボの話をしておきますね…。おやっ…。（何かに気づいた様子）

（小声）ひなたくん、ちょっと…斜め前に立っている女性を見てみてください。

ひなた　？？

こっさん先生　（小声）彼女、スカートの横のファスナーが開いてますね…。

ひなた　あ、ほんとだ。周りの人には気がつかれていないようだけど…。

こっさん先生　（周囲を気にしながら）こういうのって、どう伝えるかが大事なんです。

　女性のスカートのファスナーの閉め忘れ、ピアスの後ろのキャッチがとれかけていたり、フックが外れて落ちかかってる。そんなことに気づいてしまった時。

　まず、僕がその女性だったら、そういうふうにしてもらいたいなということを考えます。

　ピアスなんかは、気がつかずそのまま落としてしまったら、もしかしたらとても大事にしているものかもしれないし、きっと悲しい思いをされるだろうなと想像する。

　ファスナーだと、男性からはすごく言いにくい。もし女の子

と一緒だったら、その子にそっと言って、伝えてもらう。

　でも、女の子がいない場合どうするか。

　自分だけの場合、まず、他の人の視界に入らないように立ち位置を変えます。

ひなた　おぉ、そんな配慮から入るんっすか。

こっさん先生　僕が言わなかったら…もちろん言った時は恥ずかしいだろうけれど、言わなかったら、その人はその後ずっと、恥ずかしい思いをしないといけないかもしれない。

　だから、他の人にわからないような小さな声で、…それもすべては言わずに、わかるような単語だけ例えば、「スカート…」「ファスナーが…」などそっと耳元で伝えて、すぐその場を立ち去ります。

　今みたいな電車の中の場合は、伝えた後、電車を次の駅で一度降りて、隣の車両に乗り換えたりもします。

ひなた　えっ、わざわざそこまで!?

こっさん先生　えぇ…あ、もうすぐ、次の駅に着きますね。なので僕は女性に伝えて降りますね！

ひなた　お疲れさまです。ありがとうございました！

こっさん先生Check!
顔・胸・脚のツボを押す秘訣

ツボを押せるようになるには？

　本来であれば、それぞれのツボについて章を分け個別に解説したいところです。しかし、顔・胸・脚のツボの違いは、「意識するエリア」だけ。そもそも顔のツボにいたっては、社会人であれば最低限度持っておかないといけない要素です。

　ですから、この３つはまとめてお伝えすることにしました。

　ここまでの内容に「当たり前だよ！」というツッコミの連続だったと思います。しかし、言うは易く行うは難し。できている気になっているだけで、現実にはまったくできていない人は意外に多くいるものです。例えば、直近で面と向かってトークした人の足元を覚えていますか？　多くの人が覚えていないんじゃないでしょうか。いくら思い出そうとしても出てこないのは記憶力の問題ではなく、そもそも見ていないからなんです。

　３つ目までのツボを押すための、とっておきの秘訣があればいいのですが、こればかりは「意識」するしかありません。日頃から視点を広くしておきましょう。

　ただ注意すべき点はあります。相手の喜びそうなことを純粋に気づき、感じたことをお伝えする。そんな感覚であるということを覚えておいてください。

　逆に言えば、３つ目までのツボは、特殊な技術や才能は必要ありません。体が硬い人でも日々ストレッチをしたり、運動を続けているうちに、どんどん伸びていきます。縮こまっている筋肉や腱が日頃のストレッチによって伸びていくように、コミュニケーションにおいても視点を広げてみればいいんです。

さらっと説明してきましたが、3つ目の脚のツボを押すだけでも相手に強い共感を与えることは可能です。実際に、あなたも靴をほめられたり、「痩せましたよね」と言われると「え、気づいてくれたの？」と嬉しくなりますよね？

　日頃からちょっとだけ意識してみることで、相手に共感を与えることができる。そして、このツボはさらに大きな共感を呼ぶためのジャンプ台にもなります。少し意識するだけで、まわりの人と大きな差をつけられるわけですから、こんなにお得な話はありません。

まとめ

□顔（1）のツボは『礼儀やマナー』など最低限押さえるべきポイント…押せない人は非常識。「こんにちは」「はじめまして」。

□胸（2）のツボは『上半身』…少し観察するとわかるレベル。多くの人が気づく箇所。「ネクタイ」「腕時計」等。

□脚（3）のツボは『下半身』…1〜3のツボを含む正面から見えている範囲。「前側全身」「細部（襟・袖・裏地・靴・靴下・ヘアアクセサリー・ピアス等）」「色のトータルコーディネート」「話し方・声のトーン」等。

□1〜3のツボは大人のコミュニケーションの基本。

2章 4.へそのツボ

ムギュ度 ♥♥♥♥

~社長室編~

ゆい　こっさん先生、今日はお時間をいただき、ありがとうございます。

こっさん先生　いえいえ、僕も話を聞きたかったからちょうどよかったですよ。

　顔のツボ、胸のツボ、脚のツボ、あれから実践できているかな？

ゆい　もちろん意識してみています。先日も…異業種交流会があって名刺交換の時に意識しながらやってみたんですが、難しいですね。ちゃんと全体まで人のことを見ているかっていうと、**今までほとんどやっていなかった**な…ということを感じていたところです。

こっさん先生　話を聞いているのと、実際にやってみるのとでは全然違うよね。でも**習慣づけていくのが大事**だからね。その調子で頑張ってくださいね。

　そうそう、このあいだ聞きそびれていたんだけど、どうして君は今の会社に入社したのかな？　将来、5年後10年後はどんなふうになりたいの？

ゆい　今の会社を志望したきっかけは…、この会社だったら、わたしも何か変わっていけるんじゃないか、進化していけるんじゃないか、そんなふうに感じたからです…。5年後、10年後は…、上司のKさんのようにお客さまひとりひとりのお気持ちに寄り添ってご要望にお応えできるようになりたいし…、教育係やチーム長の仕事を任せられるようにもなりたいです。

こっさん先生　なるほど、ゆいちゃんは大人しくて一見消極的に見えるけれど、とても向上心があるし、繊細な想いをもって考えている人なんだね。

　わかりました。それやったら、上手くいく方法は教えてあげ

られますよ。

ゆい　ありがとうございますっ。

こっさん先生　ゆいちゃんの目標を叶えるためには、まず普段の立ち居振る舞いをもっと変えていかないといけないよね。

　それから、きみの会社の人事評価制度は完全能力評価だけど、きみがなりたいポジションのことを考えると教育係やチーム長にふさわしいと見られる人にならないとあかん。それには営業成績がいいだけじゃなくて、**自分の考えや思いをきちんと伝えて**リーダーとして安心して任せられる、そんな**信頼に値する立ち居振る舞い**をしていかないといけないよね。

ゆい　こっさん先生、わたし…自分の考えや思いを表現するのも苦手だし、一体どうやったらそんな立ち居振る舞いができるようになるのか…今のわたしにはさっぱりわからないです──。

こっさん先生　あはは、誰でも最初はそうだよ。焦らなくていいですよ。

　そうだ、じゃあこの後ちょうど会議があるから、一度一緒に会議に出ようか。もしかしたら、そこで何かわかることや発見できることがあるかも知れないよ。ついておいで。

ゆい　は、はいっ。

（会議終了後）

こっさん先生　一緒に会議に参加してみてどうだったかな。あの時、僕は結構きつい口調で発言したよね。人によっては恫喝って言う人もいるかもしれない。でも表面的…というか、一瞬ハッピーにしたって仕方がない。相手が将来にわたって本当によくなるためにと思ったら、どうしてもああいう表現が必要だったんです。

ゆい　たしかに…、こっさん先生の発言や様子には正直…驚きました。

　でも…、よくよく先生のおっしゃることに耳を傾けていると、そこには、真の思いやりというか、相手のことを想うからこその言葉だということが伝わってきました。その場をなんとなく丸く収めようとしたり、**うわべだけの付き合いにとどまらせずに、本当に関係を築いていく心意気**がないとあんなふうに伝えることはできないなって思いました…。

　時にはああいった思い切ったコミュニケーションが必要なんですね…。勉強になりました。ありがとうございます！

こっさん先生　コミュニケーションにおいて僕が大切に考えている『想い』の部分を理解してもらえたみたいでよかったです。**コミュニケーションを通じて、何を相手に伝えたいか。それがとても大切**だから覚えておいてね。

　さて、せっかくなんで、今日は４つ目のツボの話もしておこうかな。

　コミュニケーションの基本のツボ（顔、胸、脚）は前回までで終わって、**これから先はいよいよちょっと高度なツボに入っ**ていきますよ。

 ツボを見つける へそのツボとは

ゆい　えぇっと…、（手帳を開きながら）**４つ目のツボは…へそのツボ**ですね。

こっさん先生　ここで言う『へそ』とは、その人が「**世間的に公表している情報**」を指します。基本的には、名刺交換や挨拶

をした時点で知った情報のこと。

　へそは体の前面に位置するけれど、同時にその人の芯の部分という意味合いも持っています。「丹田」という、へその下の、そのまた奥のほうにある、ちょうど踏ん張る時に力が入るポイントがあります。ここに力が入らないと重心がふらついてしまう。軸となり芯となり、さらに、ここのツボを突かれると、思わず全身の力が抜けてしまうポイントでもあります。

　世間に公表している情報なので、例えば「肩書き」はへそに当てはまりそうです。見ただけでは、その人が「社長」なのか「部長」なのかまでは特定できませんからね。

　ただし、これだけでは表面上の情報と変わりありません。自己紹介する際には、何らかの形で肩書きは伝える機会が多いはず。これだけでは3つ目の脚のツボと大差はありません。

ゆい　じゃぁ…どう捉えたらいいですか？

こっさん先生　そう思うよね。ここで考えていただきたいのが、いくら世間に公表しているとはいえ、すべてがわかるわけではないということです。その人の仕事の中身やポリシーなどは、少し話していかないとなかなか見せてくれません。「**4のへそのツボは簡単な名刺交換ではわからないが一歩踏み込んだ会話をすればわかる世間に公表している情報**」です。

　僕だって大勢が集まる飲み会で、なんとなくトークをした人には、ある程度の情報しか伝えません。ちょっと目が合ったことがきっかけで話しかけられたとします。その人に「え、社長やられているんですか!?」と言われても、相手や状況によって「ええ、そうなんですよ」「はい、なんとか続けさせてもらってます」などとサラッと流すでしょう。

　もし僕が流しても「何でまた会社を立ち上げたんですか？」

61

と深掘りされても「いや〜、タイミングがいろいろ重なったんです」と、その程度で終わってしまいます。

　すると相手だって「え、その時何があったんですか？」と、さらに踏み込むことは難しい。空気を読まないで根掘り葉掘り聞かれても「ちょっと長なるし、また今度ゆっくり飲んだ時にでも」と言って切り上げるでしょう。そして「また今度」は二度とやって来ません。

　一方で、もしトークしている相手が僕の３のツボまでをきちんと押していたとします。すると「会社を立ち上げた経緯」を少し話してもいいかな、と思います。共感をもってもらった相手であれば「お茶かランチしましょうよ」と誘うかもしれませんし、もし誘われても快諾するでしょう。

　というわけで、**へそのツボとは、一歩踏み込んで聞いてみないとわからない部分を指します**。決して肩書きだけではありません。そして、踏み込んで出てくる内容とは、その人の思いやポリシーやこだわりとなるのです。

ゆい　出会う方の中には、名刺にポリシーを書いている人もいます。「お客さまに『最幸』の笑顔を！」などと書いてある場合は、そのまま伝えればいいってことですか？？

こっさん先生　たしかにそういう人もいますね。その場合、名刺交換で普通はその人のへそのツボが見えています。ですから「へー、『お客さまに**最幸**の笑顔』を届けたいんですね」と言っても、その名刺を見た他の人もほとんど言っているでしょうから、へそを押していることにはなりません。よくて表面的な、脚のツボまでのレベルにとどまってしまいます。

ゆい　じゃあ例えば、今日の最初にこっさん先生がわたしに質問した『今の会社を志望した動機』や『どうなりたいか』なん

かはへそのツボにあたりますか？

こっさん先生　そうですね。一歩踏み込んだ会話だったよね。へそのツボを押すコツとしては、ツボを触ったり、ただ単に押すというよりは、ちょっとグリグリするイメージを持ってみましょう。その**仕事の中身をほめたり、ポリシーなどに共感する会話**というのも、へそのツボを効果的に押すこととなります。

ゆい　そうだ、たしかに先ほどお話をして、わたしのことを理解してもらえたんだなっていう安心感を感じました。

こっさん先生　人間の体においてへそやその奥の丹田が軸や芯になっているように、相手に共感を覚えてもらうには、このへそのツボを押すことがカギになります。**7つのツボのうち4段階目ですが、毎度狙って押せるのであれば、これだけでもかなり強い共感を得ることが可能**になってきますよ。

ゆい　**「自分の好きなもの」や「大切にしているもの」への理解や興味を示されること**…。毎回会った時に、そんなふうに共感してもらえたら、わたしも嬉しいし、好きになっちゃうな。

☀ へそのツボを押す秘訣

こっさん先生　もし**相手が本を書いているのであれば、へそのツボは非常に押しやすい**でしょう。本には、その人の行動のもとになったエピソードが書かれているからです。先ほどの「**最幸の笑顔**」の社長なら、そういうふうに思うようになったきっかけは十中八九書いてあるでしょう。会う前に読んでおけばいいので、ツボは非常に押しやすい。意外とちゃんと本を読んでくる人はいません。そうやって読んだ感想をもって、相手のへそのツボを押しにいきます。

ゆい　先生～。とはいえ仕事の取引先やプライベートで出会う人が本を出している可能性は非常に低いですよね。

こっさん先生　ごめんごめん、そうだよね。ある意味、この秘訣は非常にレアケースですから、ここでは「へそのツボを押すこと＝もしその人が本を出したら書いてあるエピソードを聞く」といったイメージを持ってみてください。

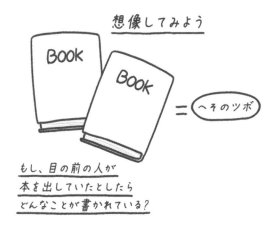

想像してみよう

もし、目の前の人が本を出していたとしたらどんなことが書かれている？

　ちなみに、初めて会った人と意気投合して会話が盛り上がったとします。そして、その場で本を出していることがわかったとしましょう。この時、僕が決まってやるのは、その場で本を購入すること。

ゆい　えっ、その場で!?

こっさん先生　そうですよ。まず「え、どんな本ですか？」と聞きます。大抵の人が、「へー、読んでみます！」とそれで終わってしまうでしょう。僕は「ちょっと失礼していいですか。え、えっと何とおっしゃいましたっけ？（スマホを見せながら）あ、

これですか？　ちょっと読ませてもらいます」と言って、その場でネット購入する。

ゆい　先生さすがです。そんなふうにされたら、きっと誰より印象に残りますね！

こっさん先生　目の前でそんなことをされた相手はいい気がしないわけがないよね。

　へそのツボを押したいという相手であれば、本１冊せいぜい1500円の買い物です。手土産を買ってくると思えば、大したことありませんし、1500円以上のリターンを十分に見込めます。

　これがいやらしい行為と思われるでしょうか。第一に、お互いがハッピーになります。これで損をする人はいない上に、コミュニケーションが円滑になります。こんな行動で共感を呼ぶことができるのであれば、やらない手はないんです。**もちろん買った本は読んで、次回会った時に感想をお伝えすると効果がグンと上がります。**

初対面でも４つ目のツボを押す方法

ゆい　先生〜、とは言うものの、繰り返しになりますが、相手が本を出しているとは限りませんよね。本以前にネットにインタビュー記事がある人だって珍しい。そういったあまり情報がない、情報が表に出てないような人の場合はどうすればいいのでしょうか。

こっさん先生　まず、**SNSをやっているのであれば、それを見ない手はありません**ね。

　それでも情報が上がっていなかったり、その場で会った場合は、事前に調べておくことは難しくなる。

そういった時にどうするか。大丈夫。方法はありますよ。

ゆい　ほんとですか!?　一体どうすれば…??

こっさん先生　相手がどこかの会社の課長だとしましょう。

　まず名刺交換や自己紹介などで、会社名や肩書き、部署など
を聞きます。

　僕がやるならば、こんな感じでへそのツボを押していくでしょ
う。

「△△部ってことは、御社のあの製品を手がけてこられたんで
すか?」

「え、今おいくつですか。めっちゃお若くないですか?」

「僕と年齢ほとんど変わらないじゃないですか。その歳で○○
の課長さんになるというのは、結構すごいですよね」

「ちなみに今までどういったルートだったんですか?」

「それって御社でもめっちゃいいルート乗ってるやつですね」

　こんな感じでしょうか。

　あるいはビジネスパーソンとして10年以上働いていれば、
持ち物や身につけているアイテムにこだわる人も増えてきます。
すると、そこからアプローチするという方法もあるんですよ。
相手がブランド物を身につけている場合、その人なりのこだわ
りや、大切な人からのプレゼントというケースが多くあります。

　この場合、一見すると第3の脚のツボ（全身）と思われるか
もしれませんが、**こだわりやポリシーについて、さらにもう一
段階聞き込んでいくと、へそのツボを押さえることにもなりま
す。**

　このように課長など役職についたり、30〜40代クラスにな
ってくると、ツボを見つけやすくなります。

ゆい　では役職がつかないような、若手の場合はどうでしょう

か。

こっさん先生　僕ならこうします。

「やっぱり若いっていいよね。そういう細身のパンツ似合うねんな」

　このように、まずはジャブとして見た目から入ります。すでにここで３つ目の脚のツボを押しにかかっています。

　名刺交換をするシチュエーションとしましょう。

「え、○○（会社名）さんに入っていきなりこの部署？　この部署って社内でも花形と違うんですか？」

　と聞いてみる。ここでは世の中に公開されている部分（部署名）をとっかかりにしました。ですが、これでは脚のツボのまま。そこで**自分が知っている情報をかけ合わせ**ます。この場合は、**その部署の社内でのポジショニングについて**触れています。

「新卒でその部署でしょ？　今は２年目？　いや、すごいわ」

「Aさんとかの部下なわけでしょ？　そしたらAさんってやっぱりすごくいいから、めっちゃ学べるところに来てるし、やっぱすごいですね」

「それって会社からすごい買われてるってことだよね？　僕はそう思うよ」

　といった具合でしょうか。

ゆい　ふぅむ…なるほど。でもそんなふうに上手く言えるかしら…。

　別のアプローチの方法はありますか。

こっさん先生　その人の学歴に触れてみるのもありでしょう。もし相手の会社が一度は名前を聞いたことがある場合、有名な大学を出ている可能性が高いです。

「新卒で○○（会社名）ってことは、どこの大学出たの？　聞

いてもいい？」

　とアプローチしてみるのもありでしょう。

　あなた自身が若手だった場合には、**共通点やあなたが知っている前提の情報**も多くなるので、きっとツボは見つけやすくなりますよ。

ゆい　共通点や知っている情報があれば、どうにか話せるかもしれない…。

　でも、練習しないと難しそうだわ…。

こっさん先生　そうですね。ツボの押し方の練習でいいエピソードがありました。僕自身も驚いた体験を紹介しましょう。

［ ツボを押す練習 ］

嫁が戦闘機が好きだとは予想だにしなかった

こっさん先生　僕には結婚して10年以上になる嫁さんがいます。この話は、僕が**「話すツボの質問術を使ったから初めて発覚した」嫁さんの意外な一面**です。

　僕はまさか彼女が戦闘機に興味があるとは夢にも思ってもいませんでした。結婚して10年以上経って初めて、嫁さんの飛行機好きを知ったんです。

ゆい　どんなことがきっかけだったんですか？

こっさん先生　ある日、たまたま航空ショーの案内をもらったので、なんとなく嫁さんに聞いてみました。ただし自分から聞いたものの「興味ある？」ではなく、「興味ないよね？」という聞き方です。

ゆい　おぉ、あえて否定形の聞き方を…。

こっさん先生 すると僕の予想に反して「めっちゃ好きやで」という答えが返ってきました。

　それ以降、招待してもらったり、珍しい公演があると彼女に一度は声をかけてみるようになりました。すると、さらに嫁さんの落語好きの一面も発見したのです。

　相手が何に興味があって何で喜んでくれるのか。このように10年以上そばにいても知らないことがあるのです。ですから僕は自分で勝手に判断せずに一回は言ってみるようにしています。「どうせ興味ないよな」と終わらせるんではなくて、声をかけることが大事。

　言い換えると、コミュニケーションにおいてどこか甘えがあったのかもしれません。ですから、まずはコミュニケーションで**自分が甘えているところ**がある、きちんと**伝えられてないところ**があることを意識しないといけません。

そうやって**意識することが、へそのツボを押す秘訣にもなる**のです。

ゆい　長く連れ添ったパートナーでも、話すツボの質問の仕方次第で知らなかった素顔が発見できるなんて。**すでに「わかっている」「知っている」と思わずに丁寧なコミュニケーションを心がけることでより深い理解へつながる**んだな。

☀ ヒアリング力の付け方

［専門知識はいらない］

こっさん先生　効果的にツボを押すためには、時には会話を引き出す質問力が必要になってきます。わかりやすい例をあげると、相手をパッと見て素敵なスーツを着ていたとします。この時スーツをほめるからといって、スーツの知識は必要ありません。きれいだなと思ったら、格好いいなと思ったら、まずはそれを伝えればいいんです。

ゆい　えっ、それだけですか？？

こっさん先生　はい、ここからですよ。加えて、もしスーツの話ができなかったら、それはそれで靴の話をしてもいいですし、ヘアスタイルの話をしてもいい。

　例えば、50代の方で髪の毛がフサフサしていたり、白髪ひとつない場合には、それもつかみどころになります。中年になるとお腹がぽっこり出る人が続出しますが、スリムな体ならそれもトークのきっかけになります。

「運動されてるんですか？」

「え、筋トレですか？」

「昔、学生時代とか何かスポーツされてたんですか?」

「そうじゃないと、なかなかそんなの続かないでしょう」

「週に何回ぐらいですか?」

「え、マジですか。そんなんってすごい意志強いですよね」

「すげえ、それって何か変化ありました?」

　といった具合に。

ゆい　一般的には〇〇だけど、〇〇ではない…というところを上手く見つけて会話を深めるといった感じかしら…。

こっさん先生　そうですね。とにかく**子どものように好奇心を持って接する**ことです。

　話題は何でもあるでしょう。何かその人の趣味趣向、例えばお酒や車が好きなど何でもいい。

　ほめるというよりも、深掘りしていく、もっと知りたい、知りたいというイメージを持ってください。その時、**専門知識は必要ありません。**

ゆい　もっと知りたいという**純粋な気持ち**で接すればいい…。

　専門知識がなくても、気後れする必要はないんだ…!

好奇心を持て

こっさん先生　知らないからこそ、質問の仕方次第で距離が縮まることもあります。

　そして**偶然の出会いから、その後の人生にかけがえのない関係へと発展**することもあるんです。こんなこともありました。

　僕にはマジシャンの知り合いがいます。出会いはバーでした。僕が飲んでいると、ただならぬオーラを醸した男性が1人で来店しました。キャップを深くかぶって、いかにも誰も近寄るなよというオーラを出しています。

僕はその雰囲気から「絶対に普通のビジネスパーソンではない」「おもしろそうだ」と感じ、思い切って話しかけました。いきなり近づいて、「ちょっと横いいですか？」と単刀直入に聞いてみました。

　今でこそ、ものすごく仲よくなっていますが、「あの時、よくしゃべりにいったな」と友達たちからは言われます。なんせ相手はただならぬ雰囲気です。何か罵声（ばせい）を浴びせられるか、蹴られてもおかしくないと思えるような状況でしたから。

　しかし、それ以上に「**この瞬間を逃したらダメだ**」と直感的に思いました。要は好奇心が僕を突き動かしたわけなんですが、この時はいつも以上に直感的なものを感じていました。

　ちなみに僕はちょっと好奇心が湧いたら、後悔しないようにするためにすぐに動いてみるようにしています。**その人に好奇心や興味を持っていないと、相手のツボに気づくことも、しっかりツボを押すことも難しい**でしょう。

ゆい　好奇心や興味を持つこと…それがツボを発見したり、押す糸口になる。

72

自分からグイグイ聞かない

こっさん先生 好奇心を持ってしゃべっていると、向こうから
どんどん話してくれるようになるんです。もちろん相手は仕事
でインタビューに答えているわけではないので、トークのキャ
ッチボールは必要です。特に相手の気分を乗らせるには、話し
ていて気持ちよくなるためのツボを**タイミングよく押していく
必要**はありますよ。ただし決して難しいことではありません。
「え、そうなんですか！」
「めっちゃおもしろそうじゃないですか」
「その後どうなるんですか？」
「また今度教えてくださいよ、僕絶対行きますから」
　などと言っていると、次から次へといろいろなことをしゃべ
ってくれるのです。
　しかし、いくら好奇心旺盛でも、こちらがグイグイと押しす
ぎると、相手は引いてしまうものです。僕がやっているのは、
ふわっと聞いていくこと。直球で聞くのではなく、周りから攻
めるやり方です。
ゆい　ふわっと聞いていくとは具体的にはどんなふうに聞けば
いいのでしょうか？
こっさん先生　例えば会話のとっかかりとして、「何のお仕事
されているんですか？」「最近忙しいですか？」と聞くことは
ありますが、相手がそれ以上詳しく言いたがらない場合や、あ
るいは言いたくなさそうだと思ったら、仕事のことには触れま
せん。
　相手が言いたくなるまでは、あえて聞かない。そんな時にグ
イグイ聞いても、煙たがられますし、たとえ聞き出せたとして

73

も表面的な内容しか言ってくれません。

　ですから**ボクシングでジャブを打つような感覚**でトークを行っていきます。こちらのジャブが呼び水のようになり、相手がカウンターを打ってくることがベスト。

　相手がカウンターパンチを打ってくれば、あとは身を任せましょう。放っておいてもたくさん話してくれます。そして一度そのモードになると、より深いトークへ入っていくことができる。

ゆい　相手の様子をよく観察しながら、徐々に誘い出すイメージなのかな…。

こっさん先生　さて、話をマジシャンとの出会いに戻しましょう。今あの時のことを思い返し分析してみると、僕はそのマジシャンにも同じようなコミュニケーションを取っていました。その時の本心は「何でだろう？」「もっと知りたい！」「この方と仲よくなりたい！」という好奇心でした。なかなかマジシャンの人と話す機会はありませんから、自然と好奇心は旺盛になってしまいます。ただし一定の距離感を持ったコミュニケーションは心がけています。「あの有名なマジックのタネって何ですか？」などとは聞きません。

　そんなコミュニケーションを続けていた僕がどうなったのか。

ゆい　？？？

こっさん先生　なんと実はもう、マジックを見るのが面白いと思わないほどになってしまったのです。なぜならテレビで見るようなマジックのタネは大方知ってしまったから！

ゆい　もしかして話すツボ効果が出すぎちゃったんですか…！（笑）

こっさん先生　そう、こちらが聞きたくないようなことですら

も、なんとまさかの展開で進んで教えてくださったのです。

　次からマジックを見る楽しみが半減しますから、「いや、やめてくださいよ」とは言いましたが、それでも「これは絶対内緒な」「これ子どもにやってみて」と言ってたくさん教えてくれるのです。

　考えてみれば、マジシャンがマジックのタネを教えてくれるなんて、**特例中の特例、ものすごい状況**です。もちろん僕がマジシャンになることはないでしょうから、敵に塩を送るわけではありません。しかし企業でいえば社外秘の情報や特許を教えているようなものでしょう？

　こんなことが起きる理由は、**強い共感を感じ、信頼をおいてもらっているから**。そして、その裏にはやはり話すツボが影響していることは間違いないんです。

ゆい　恐るべし「話すツボ」の威力ですね。（笑）

こっさん先生　ハハハ、実にそうなんですよ。例えば疲労回復マッサージも、力を入れれば入れるほどいいわけではありません。やりすぎると内出血を引き起こしたり、痛みを悪化させることもある。この話の例は特別ですが、話すツボも同じなんです。グイグイ行き過ぎるのは禁物です。考えてみてください。その日に初めて合った人が距離を詰めてきたら、思わず引いてしまうよね。地元が近いとか大学が一緒などの、シンパシーを感じるような共通点でもない限り、焦ってツボをゴリゴリ押すことは禁物ですよ。

ゆい　あ〜、わかります…わたしゴリゴリこられるの無茶苦茶苦手ですっ…。

こっさん先生　通常そうですよね。重要なのは、へそのツボを押そうという時、初めて会った方の場合は、**相手の表情や言葉**

遣いなどをよく観察して、嫌がられていないかどうか感じなくてはなりません。

　そもそも情報が足りないわけですから、初回から急ぐ必要はありません。そういった場合は、回数を重ねていくのも手ですからね。男女の仲だって、回数を重ねるごとに深くなっていくでしょう？

ゆい　そっか…。恋愛にたとえるとわかりやすい〜。

相手の様子をよく観察して

相手を乗せるセリフ

こっさん先生　ちなみにそのマジシャンの方は会う回数を重ね少しずつマジックのタネを教えてくれましたが、僕は相手を乗せるためのセリフを意識して使ってはいなかったんです。僕のトークを改めて思い出してみると、さっきも言ったように、

「え、そうなんですか」

「めっちゃおもしろそうじゃないですか」

「その後どうなるんですか？」

「また今度教えてくださいよ、僕絶対行きますから」

というリアクションは取っていました。ただし、このようなリアクションを丸暗記しても意味がありませんよ。**そこに好奇心や興味が入っていないと、空っぽの言葉になる**からです。話に興味がある、好奇心に突き動かされている雰囲気がしっかり伝わらないと、相手は乗ってくれません。

マジシャンとの会話も、単純にパッと見て「うわすごい！」「今のどういうことですか、何それ」などとたくさん言っていました。実際、ビックリしていました。ビックリして、そのままストレートに表現した結果が相手の気分を乗せることにつながったのです。

ゆい やはり感情をストレートに表現していることが一番相手に影響するんですね。

こっさん先生 当たり前のようで、とても大事なことだよね。だから、あなたの感情が「別に大したことないな」と思っていたら、それ以上のツボは押せない可能性がグッと上がってしまいます。

感情を乗せたトークやリアクションには、体重が乗って言葉に重みが出てきます。豪速球やスマッシュのようなもので、相手にものすごく刺さります。そして喜んでくれます。大事なので何度も言いますが、心から思ったことを言うことです。

一方、取ってつけたようなリアクションやヨイショは一発で相手に見抜かれます。

聞いた話によると「合コンのさしすせそ」というテクニックがあるそうです。

ゆい あっ、知ってます！ このあいだ同じ課の先輩に「コンパ必勝法だよ」って教えてもらいました。

男性の話す会話（たいてい自慢になりますから）に対して、

さすがですね！

知らなかった！

すごいですね！

センスがいいですね！

そうなんですか！

　と答えると、単純な男性ほど喜ぶのよって教わっちゃいましたっ。

こっさん先生　アハハハハ、確かにそう言われてるよね。

　合コンという場の、しかも相手が男性という限られたシチュエーションでは使えるかもしれないけれど、**このメソッドで目標としているのは共感を覚えてもらうコミュニケーション。いわば真のコミュニケーションです。** こんな小手先のテクニックでは、共感を呼び込むどころか、相手を遠ざけてしまうでしょう。

ゆい　それはいけない。（笑）

こっさん先生　マジシャンの人と話していても、僕は心の底からこう言ってたんです。

「また見たいっす。また見せてくださいよ」

「あれ不思議やわ〜」

「やっぱり腕が違いますよね」

　と、純粋にほめたりしてると、

「あれな、結構練習するねん」

「実はな」

　と、相手から教えてくれたのです。

　会話の序盤は周辺から攻めて様子をうかがいます。しかし、**感情はど真ん中ストレートで攻める。** これが鉄則です。

ゆい　自分が感じ取っていたことが相手の思惑や狙いと180度

違うことは起こらないでしょうか？

こっさん先生 もちろんあるでしょうね。それを恐れて、当たり障りのない感想を言いたくなる気持ちもわかるけれども、それでも**間違いを恐れずに伝えたほうがいい**ですよ。

「そうなんですか。え、違います？　いや何かね、僕そういうふうに感じたんですけどね、それはすみません。失礼しました」と言えば終わりですから。

　そのあとは、ぱっと話を切り替えたらいい。

ゆい なんだか勇気がいる発言ですが、そんなにさっぱりしちゃっていいんですね。

こっさん先生 ただ１つ注意してほしいのは、あくまでも「勝手ながら僕がそういうふうに捉えただけです」というスタンスを守ること。決めつけてしまうと、相手が嫌な気分になる可能性があります。仮にそれが図星だったとしても、相手はいい気がしません。

　ここまでの話を「マジシャンという特殊な相手」と決めつけてはいけませんよ。たしかに特殊ケースですが、視点を変えてみると「相手のリアクションを見慣れている玄人」とも言えないでしょうか。

　何度もステージに立っていると、観客の反応にも敏感になります。これまで何万回も「あのネタはどうやってやるの？」と聞かれているはずです。そんな百戦錬磨の相手にも話すツボは有効と言えるのです。

ゆい **人のココロの扉を開ける鍵は共通している**んですね。まさに話すツボマジックだ…！

☀️ 「ロイスへの質問」

こっさん先生　とても鋭い視点ですね。ゆいちゃんの言う通り、人のココロの扉を開ける鍵は共通しています。それは一対一の会話に限らないんです。こんなこともありました。

　ロイス・クルーガー氏というアメリカの実業家がいます。彼は『７つの習慣』の著者として有名なスティーブン・R・コヴィー氏とともに、世界最大級の人事系コンサルティング会社フランクリン・コヴィー社を創業しました。

　ある日、僕の知り合いで大きな病院の副院長をされている方が、ロイスは自分にとって父親のような存在であるから、ぜひ**こささ**さんにも会ってほしい。今度、日本で講演をお願いしたので、ロイスが事前に下見に来られます。その時に食事会を開こうと考えているので、来てもらえないですかとお誘いいただいたんです。50名くらいの参加者がいる中、僕はロイスと同じテーブルに座らせていただきました。ロイスの紹介やお話もしてくださいました。そして最後に質問コーナーがあったので、僕は手を挙げました。

　結果的にここでも、話すツボを押すことになりました。

ゆい　一体何を質問されたんですか。

こっさん先生　僕はまずロイスが講演の前半に話していた内容を踏まえた質問をしました。彼は現在の日本を危惧していて、このままではダメだと言っていました。そこで「何が足りなくて日本は危惧される状況になったのか」を聞いたんです。

「教育が足りないからなのか、スマホの普及のせいなのか。日本のいいところを僕も引き継いでいきたいのです」と。

　すると「ナイス！」と言って、猛烈に喜んでもらえました。

ちなみに、その答えは「家族の絆」だそうです。今の家族はゲームやスマホを与える。あれは親が自分の時間を作りたいから、楽をしたいからだ、と。しかし、子どもと一緒に同じ体験をする時間のほうが大事だということを熱弁していました。手前味噌ですが、僕の質問によって講演の本編に入っていてもおかしくないような話を聞くことができました。

　実はこの質問、僕が100％聞きたかった内容ではありません。

ゆい　えっ！　それなのにどうして？

こっさん先生　僕の狙いはこうでした。会場にいた40～50人の参加者たちが「こういうこと聞きたいだろうな」という内容と、そして「ロイス自身が話して気持ちいいこと」を想像し、それをあえて質問してみました。もちろん、そこには僕が聞きたいことも含まれていますよ。こちらも仕事でインタビューしに来ているわけではありませんから、聞きたくない話をわざわざ質問するようなことはしません。

　特にロイスは日本が好きで日本にも住んでいた経験があること、大事に思っているからこそ日本でも活動を続けていること、そして日本を危惧していると言っていたのが印象的でした。

　そこで**参加者・ロイス・僕という3者の興味が重なるエリアを狙って質問してみたんです。**

　これも有効な話すツボの押し方のひとつです。

ゆい　わぁぁぁ～、こっさん先生の発想はわたしにはまるで思いもつきません！

こっさん先生　そうそう、ひとつ注意がありますが、こういったケースの質問でありがちなのが自分の生い立ちや境遇を語りだし、挙句泣いてしまうケース。「あなたのお涙ちょうだい劇場はいらないよ」と心の中でツッコんでしまいます。あるいは

複数の人のツボを一度に押す方法もある

自分

A B

ダラダラ話した挙句、結局何が聞きたいのかよくわからないパターンも多いですね。うんざりするものばかりですが、いずれもツボを押さえられていない典型例です。反面教師としてくださいね。

ゆい　は、はいっっ。気をつけます！

コンコン　（突然扉を叩く音）

ひなた　失礼しま———っす！
こっさん先生　おぉ、ひなた君。おや、もうこんな時間。ひなた君との約束の時間ですね。
　ちょうどよかった。これから重要なところだったんで、一緒に続けてこのまま話をしましょう。

へそのツボを押す秘訣 （異性を口説くつもりで仕事をしろ）

こっさん先生　へそのツボを押す秘訣として、僕が社員によく言っているのが「大好きな異性を口説く時のように仕事をしよ

う」ということです。

ひなた　なんですか！　面白そうっスね。今日は恋愛講座的な感じですか。（笑）

こっさん先生　なにも仕事に限ったことではないですよ。他人とコミュニケーションを取る時には非常に有効な心がけです。

　僕もそうでしたが、ある女性に惚れてしまったら、とにかくその子の情報を一生懸命集めようとするはずですよね。

ひなた　しますします！　趣味は何なのか、好きなものは何なのか、とことん調べます。

こっさん先生　すでに連絡先をゲットしていたら、なにげないトークの中で相手の好きなものを探っていくはずです。

　チーズケーキが好きということがわかれば、流行りのバスクチーズケーキのお店を調べるかもしれません。イタリアンが好きなら、世界一パスタが美味しいお店を探して誘うよね。

　そして実際に会った時には何とかして好かれようとします。しゃべり口調や立ち居振る舞いを注意深く観察するでしょう。はじめはまくっていた袖を伸ばしたら、その一瞬を見逃さずに「寒い？　ブランケットもらおうか？」と言うかもしれない。食事のペースが遅かったら「あまり口に合わんかった？」と気をつかう。まるで一流のホテルスタッフばりに目配りをします。「パパみたいな男らしい男性がタイプ」と言われれば、きみの行動は自然と男らしくなるでしょう。仕事だけではなくプライベートも大事にするワークライフバランスタイプなら、「若いウチはとにかく働いて力をつけるべき」と心の中では思っていても、その場では相手に合わせた話をします。女性のネイルがきれいだったら「爪、きれいだね」などと言って、そこから深掘りできます。

まさにそういう感覚で、仕事や他人とのコミュニケーションをしていくと、まず失敗しません。そして、好かれる可能性もぐんと上がるでしょう。

ひなた　おおぉ☆

こっさん先生　「男性→女性」というアプローチの方法を例に挙げましたが、矢印を逆にしても同じことが言えますよ。

　好きになった相手に接するようにしてみる。こうすると、へそのツボを押すことは意外と難しいことではありません。

　それほど気配りをして相手に嫌われた場合には……。それ以上あなたの素を見せたところで、さらに嫌われるのがオチですから合わないんだと思って切り替えましょう。

　とはいえ好きな異性のように振る舞っていれば、基本的には嫌がられないと思います。異性を口説くつもりで人と接する。へそのツボに限らず、コミュニケーションにおいて、非常に有効な秘訣なのです。

ゆい　「目の前の相手を好きな異性と思ってふるまう」か…メモメモ…。

なぜ男性は女性が髪を切ったことに気づかないのか

こっさん先生　よく女性が髪の毛を切ってもまったく気づかない男性がいますよね。男性の言い分は「いやいや、前髪を数ミリ切ったくらいで気づくわけあるかい！」というものであり、その気持ちはわかります。

ひなた　俺もぜんっぜん気がつかなくて、よく奥さんに叱られ

るんっすよ〜。

ゆい ２人ともひどぉい…、好きな人に可愛く見られたくて女子は頑張ってるんですよぉ…。

こっさん先生 あはは、申し訳ない。でも実は、こんな何気ない日常のワンシーンがへそのツボを押す練習になるんですよ。

男性がなかなか気づかない女性の変化は意外と多くあります。さすがにメイクの詳細まで、例えばチークのトーンを少し明るくしたなどの変化に気づかないのはしょうがないとしても、髪型やネイル、少し痩せたかどうかなどの変化は女性からすると気づいてほしいものですよね。

ゆい その通りですっ。

こっさん先生 そして重要なのがいずれの変化も、その行動の根っこにあるのは「キレイでいようとする努力」ということ。

ゆい まったくです。

ひなた ふぅ〜ん、努力ねぇ…。

こっさん先生 ひなた君、考えてみてください。なぜ女性はキレイでいようとするのでしょうか。

ひなた そんなこと、いちいち考えてもなかったなぁ〜…。

こっさん先生 美容院もネイルサロンも、貴重なお金と時間をわざわざ使って行くわけです。カットとカラー、トリートメントをセットでやってもらうと１万5000円は余裕で超えてきます。加えて美容院で一通りやってもらうだけで数時間はかかります。それだけの時間があれば、続きが気になる海外ドラマを観ることだって、ベッドの上でゴロゴロだってできる。

　もし誰にも会わない引きこもりの人だと、美容院にもネイルサロンにも行きませんね。よく引きこもりのドキュメンタリー番組がありますが、引きこもっている人は身なりに気をつかっ

ていません。学生時代から着続けているような毛玉だらけのスウェットを愛用しています。なぜかといえば、見せようと思う人がいないからです。あなたも家族以外誰とも会わない日は髪をセットしないどころか、ヒゲまで剃らないのではないでしょうか。

　一方で、例えば前髪が思うような結果にならなかった女性の中には「こんな姿では外に出たくない」とまで言う人もいる。前髪が決まらないだけで不機嫌になる人もいます。

ゆい　先生さすが、よくわかってくださってる。外に出て人の目に触れるから少しでも綺麗でいたい、かわいく見てもらいたいという思いがあるんです。

こっさん先生　そうですよね。女性が綺麗に見られたい！　という思いを向けているのは、意外と同性であることが多いのですが、一番意識するのは多くの場合が旦那さんや彼氏でしょう。普段は冷たくあしらわれている旦那であっても、一緒にいる時間が長いのですから、かなりのウエイトは占めているはずです。

　大切な人に「キレイになったな」と思ってほしいという願いから、わざわざ自分磨きをしている。たとえ愛想をつかされていたとしても、「誰かにほめられたい」「キレイだと思ってほしい」という動機で美容院などに行っています。あるいは、自分の気持ちを高揚させるためという理由もあるでしょう。いずれにせよ、男性は普段からよく見ていて変化に気づくこと、女性のその感情をくんであげないといけません。

ゆい　こっさん先生は、こういうところが貴公子みたいで人気の秘密なんだわ…。

ひなた　え〜、そんなところまでくまなくちゃいけないんっすか。なかなか面倒くさいっすねー。

ゆい 一方の先輩は女性の気持ち、全然わかってない…。わたし、ひなた先輩の奥さんじゃなくてよかったぁ…。（ボソッ）

ひなた ゆいちゃん今、何か言ったかぁ〜？

こっさん先生 アハハハハ、女の子目線だとそうなるよねぇ。**その人の動機や目的をくんであげる**、思いを満たしてあげる。そうするとその人はもちろん喜びますし、それは強い共感やモテにつながります。

　今度は逆の視点から考えてみましょう。

　実は、男性でも同じことが言えますよね。例えば、女性を喜ばそうと思い、記念日にサプライズでプレゼントを贈ろうとしています。あるいはロマンチックな夜景が一望できるレストランで美味しい食事をする。その**根底には、相手の喜ぶ顔を見たいという気持ちがあるはず**です。

ひなた そりゃもちろんでっす！

こっさん先生 しかし、せっかく苦労して何時間もかけて選んだプレゼントが、「あ〜これね。サンキュー」とそっけない態度だったり、高いお金を出して連れてきたレストランに薄いリアクションだったらどんな気分になるでしょうか。とても残念

モテや強い共感を得るには「観察」して「満たしてあげる」

動機　目的

な気持ちになりますし、なんならムカツいてきますよね。

　反対に「このバッグ、日本では売ってないはずなのに何で手に入ったの!?」「こんな素敵なレストラン、初めて」と言われたら嬉しくなってしまいます。この時、あなたはツボをグリグリと押されていることになります。

ひなた　頑張ったかいがあったなー！　また連れてきてあげようって思っちゃいますね。

ゆい　喜び上手であることがツボを押すことにもなるんですね。

こっさん先生　能動的に働きかけるばかりではなく、一見受け身に見えるような場面でも、相手の様子を観察して、さりげない対応をするだけでもツボを押せることがあります。

☀ 怒れる居酒屋店員

こっさん先生　以前、大勢で居酒屋に行きました。すると、そこの女性店員さんの態度が悪かったのです。それも、えげつなく。一緒に行っていた人たちは、その悪態に終始怒っていました。

　しかし、その店員さんは僕にだけは愛想がよく、ずっと笑顔で接客してくれました。一緒に行っていた知り合いたちは「何でこささんだけ」とイジってくるのですが、実はこれには理由があったのです。

ひなた　今度は何っすか。

こっさん先生　僕はそのお店に行く直前に、席が空いているかどうか確認の連絡を入れていました。こちら側は計7名。しかし後ほど合流するので最初は5人で向かったんです。お店に着くと、用意されていたテーブルに通されました。5人で座るに

は余裕のあるテーブルでしたが、あとから合流する2人のこと
を考えると窮屈になってしまう広さでした。

　僕らのグループはガヤガヤしながら店にやって来て「7人や
で。こんなん絶対無理やん」と言ってしまっていたのです。

ゆい　えー、それは感じ悪いお客だって思っちゃいます。

こっさん先生　加えて、他のテーブルは空いていたので「あっ
ちの席は無理なん？」と店員さんに聞こえる声の大きさで何度
も言っていました。

ゆい　ほんとやだぁ…。

こっさん先生　店員さんはその日、たまたま虫の居所が悪かっ
たのかもしれません。それに加えて、予約したとはいえ急にや
ってきた団体客がこんな感じですから、余計に機嫌が悪くなっ
ていったと思います。

　電話口で7人と伝えましたし、他の席は空いていたので同行
者たちの会話はおかしい内容ではありません。しかし、その時、
僕が何を思ってたかというと……。店に入った瞬間からずっと
気になっていることがありました。店員さんは僕らを誘導しよ
うとしているのに、みんなテンションが上がっているものです
から、なかなか移動しなかったのです。早い時間に着いたこと
もあってか、他の席にはお箸や取り皿などがセットされていま
せんでした。つまり店員さんは他にやることがあるのに、僕ら
のせいでずっと待たされていたのです。

ひなた　そりゃイライラもしちゃいますね。

こっさん先生　そんな状況を見て、僕はちょっと気にかかって
いたのです。忙しい中、急遽セットしてくれたのに、わーわー
騒がしくやって来ては口々に「ここの7人は無理」「こんなに
空いてんのになあ」と言っているわけですから。もちろん、よ

序章

第1章

第2章

第3章

第4章

第5章

最終章

くあるオッチャンたちの光景ですが、店員さんの気持ちを考えてみた時に「虫の居所が悪かったら不機嫌にもなるわな」と思えたのです。

　どうしても気になった僕は、誰も見ていないところで店員さんに言いました。

「ごめんね、うるさくして」

「せっかくセットもしてくれてたのに、ごめんな」

「どうしても後から人が2人増えちゃって、しかも大きい人なんやんか、ちょっと厳しいかなと思って。ごめんごめん」「お箸とか取り皿とか自分で持っていくから」

　というように注文や料理を持ってくるタイミングにも「忙しいのにごめんな」「ありがとうな」と一言プラスで何か言うようにしていました。

ゆい　そんな人がグループの中に1人でもいてくれると接客する立場としては救われます。

こっさん先生　そういうことなんでしょう。そうやって気をつかっていたので、明らかに僕だけ対応が違っていました。この時、僕は女性店員さんの**へそのツボを押していた**のだと思います。大したコメントは言っていませんが、**ツボを押していくには、こうやって「気づく」ことが大事**なのです。

ひなた　なるほどなぁ…。「気づく」ことかぁ。

　でも簡単に言われてもどうやったら気づけるようになるのか、よくわかんないんですよね、俺。

☀「ありがとう運動」

こっさん先生　ひなた君が言うように「**どうしたら気がつける**

ようになるのか」が重要なポイントですね。では、なぜ僕だけいち早く気づくことができたのかを教えましょう。それは日頃の「**ありがとう運動**」の賜物でしょう。

ひなた・ゆい　「ありがとう運動」？？　初めて聞きます。それは何ですか。

こっさん先生　**相手の様子にいち早く気づくには、まず相手の立場に徹底的に立つことが重要**です。そして、そのために必要な、「想像力」が欠かせません。

ひなた　「想像力」…。

こっさん先生　想像力には効果的な鍛え方があります。名づけて「ありがとう運動」です。

　人に「ありがとう」と言ってもらうのは、意外と頭を使わないとできません。相手を観察し、本当にその人が欲していることや困っていることをタイミングよく、そして相手が行動に移す前にこちらが動く。ありがとうと言ってもらうには、こういったプロセスが必要です。

　式にしてみると、

「**観察＋想像＋行動＝ありがとう**」でしょう。

ゆい　わかりやすい公式ですね☆

こっさん先生　ただし、お金を介した関係での「ありがとう」はノーカウントです。例えば、コンビニで買い物したあとに「ありがとうございます」と言われることは当然だからです。金銭が介していなければ、家族でもいいですし、別にまったく見ず知らずの人でもいい。ありがとうと言われるようなことをしてみてください。

　１日１回、誰かに「ありがとう」と言ってもらうようにすると、観察力や想像力が相当鍛えられます。１日１回なら、大し

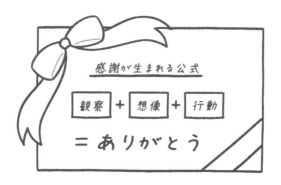

感謝が生まれる公式

| 観察 | + | 想像 | + | 行動 |

＝ありがとう

た負担ではありません。休みの日にもできます。むしろ習慣化すべく休みの日も続けましょう。自宅でもできますし、ひとり暮らしなら買い物に行く時に他人と接する機会があるはずです。

　そして**習慣化するには21日必要**と言われていますから、21日間連続で続けることは非常におすすめです。

ひなた　毎日誰かからの「ありがとう」…そんなことくらい簡単でしょ〜。

こっさん先生　おや、そう思いますか？　実はこの「ありがとう運動」、ウチの会社で社員のみんなにやってもらっています。2週間くらい経った頃でしょうか。社員に「やってみてどう？」と聞いてみました。すると「難しいですね。はじめの頃は何だかわざとらしくなって、ぎこちなくなるんです」と言っていました。また、「心から感謝されるのって難しい」と言う社員もいました。

　このように、やってみると、意外に難しいことに気づくはずです。

　それでも1週間ほど続けていると「ある変化」が訪れたようです。社員が言うには「自分がありがとうと言う回数が増えた」

とのことです。

　ありがとう運動を続けていると、自分が常に感謝するように
なるのです。

　これは当然でしょう。自分が人に「ありがとう」と言っても
らおうと思い、人の助けになることはないかとずっと観察して
いる。すると自分が他の人からやってもらっていることにも敏
感になります。普段は当たり前に思っていること、気にも留め
ないことにも気づけるようになる。接客業のアルバイトをして
接客の難しさに気づいたり、外国に行って言葉が通じない不安
を感じるようなもので、立場が変われば、気づくことがたくさ
んあるのです。

ゆい　とっても深いんですね…！

こっさん先生　ありがとう運動は意外と難しいとお伝えしまし
た。しかし、なかなかありがとうと言ってもらえず、試行錯誤
しているからこそ、余計に他の人の心づかいに敏感になってい
きます。だから、その時には心から「ありがとう」と言うこと
ができる。

　つまり、「ありがとう運動」によって人から感謝されようと
していると、自然とあなた自身が人に感謝することが増えるの
です。

　先ほど例に挙げた不機嫌な態度を取っていた居酒屋の店員さ
んに対してもそうです。立場的に「自分はお客さんなんだから
丁寧に接客されて当たり前」かもしれませんが、「ありがとう
運動」を続けていると、相手への感謝やちょっとした変化にい
ち早く気づくことができます。

ひなた　自分のココロの気づきを通して、相手の気持ちや変化
に敏感に気がつけるようになるのか…。

こっさん先生 「ありがとう運動」に加えて、僕がやっていることは「インフラを支える人に感謝する」ことです。

インフラとは道路や鉄道、水道や送電網など生活になくてはならない社会基盤のこと。「あって当たり前」の存在ですが、我々が不自由なくインフラを使えている背景には、日々メンテナンスを行っている人たちの力が欠かせません。

例えば、携帯電話の通信回線。通じるのが当たり前で、障害が起きて使えなくなると途端にみんなが怒り狂います。「携帯会社はしっかりしろよ！」とキレる人もいるでしょう。

インフラのように普段問題なく使えているサービスは、日頃から多大な恩恵を受けていますが、それに気づきにくい。

ひなた 台風や雷、地震なんかの災害で影響があった時にはほんとどれだけ日常で電気、ガス、水道、鉄道など多くのインフラに助けられていたかを思い知らされますね。

こっさん先生 多くの人は普段なかなか思いを馳せることはないと思いますが、暑い中でもアンテナ基地局を直している作業員さんがいるはずです。土砂降りで濡れながらメンテナンスしている人もいるでしょう。健康と同じで、インフラも使えなくなってから、初めてありがたみを知ることになる。

自社がシステムの運用をやっていることもあり余計に思うところもあるのですが、**インフラを当たり前と思わずに、それを支えている人に感謝する**。そうすることによって、また1つ違った視点を持つことができるのです。

なにも四六時中感謝しろと言っているわけではありません。**頭のどこかにそういう感覚を持っていると、気づく力や観察力、そして人に共感を与える力が培われていくのです。**

ゆい 「ありがたい」は「有難い」。本来は『有ることが難しい』

『当たり前ではない』ということだと聞いたことがあります。感謝を忘れないようにすることから、感覚を養う訓練って素敵。なんだかこれだけで、人から愛される人間になれそうですね！

こっさん先生Check!
前後半の越えられない壁

　さて、ここまでで『コミュニケーションの基本』と言える前半の話すツボ４つの紹介が終わりました。

　ご自身の普段のコミュニケーションのパターンを振り返りながら、それぞれのツボのメソッドを照らし合わせて読み進めていただけていたら幸いです。

　次章からお伝えする５〜７までのツボは、一見すると３や４のツボと近い部分があります。例えば、「課長」という肩書きはへそのツボにも当たりますが、ここを起点に仕事に対する思いやその人の過去などにアプローチしていくことになると、さらに深いツボになってきます。

　いずれにしても、４つ目のへそのツボまでと違ってビジネスライクに考えていたら、上手く押すことができないでしょう。**よく観察して、愛をもって押さないと効き目はありません。**

　１〜３は順番がバラバラでも問題ありませんでした。このレベルなら格闘技の段位のように、１つずつ上がっていく必要はありません。特に３まではあくまでもコミュニケーションの土台となる部分ですから、二段飛びしても平気です。

　しかし**５〜７は難易度が一気に上がります。**次元が変わってきますから、急がないようにしましょう。順序としては**４まで**

を完璧にできるようになってから。

　この場合の「完璧」とは、自然にできるようになることです。意識しなくても自然と体が動くような感覚です。最高難易度の7は別にしても、感受性の鋭い人やセンスがある人は、稀に4から6のツボにステップアップできてしまう人がいます。ただし、これはかなりの特殊ケース。出会ったその日に、いきなり付き合うカップルがほぼいないように、時間をかけてお互いを知っていくほうが長い付き合いになりやすいように、**コミュニケーションにおいても焦らず、ステップを踏んでいったほうが確実**なのです。

まとめ

□ **へそ（4）のツボは『丹田』…一歩踏み込んだ会話をすればわかる世間に公表している情報。**「肩書き」「こだわり」「ポリシー」。

□ **ほめるというよりも、「好奇心」や「純粋な興味で」深掘り**していく。専門知識は必要ない。

□ **目の前の相手を好きな異性と思ってふるまう。**

□ **「ありがとう運動」で徹底的に相手の立場に立ち「観察力」「想像力」を養う。**

前半まとめコラム
～話すツボは魔法のコミュニケーション術～
話すツボ1～4編

　これまではひとつひとつのツボに合わせた実例を挙げながらご説明させていただきましたが、一連の話すツボ1～4の組み合わせ使用で感動を体験したエピソードをご紹介したいと思います。

　僕は、**話すツボを用いたコミュニケーションのおかげで、日頃から他者よりも得をすることが多いな**と感じています。

　一期一会の出逢いの中でも、話すツボの恩恵を受けています。

　数年前、兄の結婚式へ向かう飛行機の中での出来事をお話ししたいと思います。

　身内だけのハワイ挙式でした。日本からハワイまで行きのフライト時間は7時間半ほどです。搭乗から3時間ほど経った時のことでした。機内食も終わり家族はみな眠りについていました。そんな時、客室乗務員（以下CA）さんが僕の席までやってきて突然、「今からコックピットを見学しませんか?」と声をかけてくださったのです。

　驚いて思わず「え──!!」っと叫びそうになりました。こんな貴重な体験はそうそうできることではないので、もちろん喜んで見学させていただきました。

　コックピットに入り補助席に座ったタイミングでCAさんは「それではお楽しみください。わたしは今からコーヒーをお持ちしますね」とおっしゃいました。そして続けて「たしかミルクとお砂糖はお1つずつでしたね」と言われたのです。

序章　第1章　第2章　第3章　第4章　第5章　最終章

僕は凄いな！　と思いました。そのCAさんは機内食の後、コーヒーをお願いした時のことをしっかり覚えてくださっていたんです。食事の後すでに数時間も経っているし、他にも多くのお客さまがいるのに！

　CAさんはサービス業の中でもトップクラスのサービスの教育を受けています。ですから**基本的な挨拶（☜1.顔のツボ）、少し観察するとわかる見た目の情報（☜2.胸のツボ）、全体を観察してわかる見た目の情報（☜3.脚のツボ）を押す**プロです。これらのことから僕自身はコックピットに入った時点で、すでに3のツボまで押されていますが、このやりとりでさらに「**一歩踏み込んで初めて出てくる情報（☜4.へそのツボ）**」を押され、ただただ感動しきりでした。

　なんせ何百人もいるジャンボジェットの中、ご自身の担当からたった1人の砂糖とミルクの好みの量まで記憶してくださっていたのですから！　そして、なぜ僕だけこんな特別な待遇をしてくれたのかなと考えました。

　振り返ってみると、飛行機に搭乗してから「こんにちは（☜**1.顔のツボ**）」「素敵な笑顔ですね（☜**2.胸のツボ**）」「○○さん。ありがとうございます。すごく丁寧に対応くださって、とてもうれしいです（☜**3.脚のツボ**）」「ずっとお客さまを気にかけて、動き続けてらっしゃる。凄い大変なお仕事ですよね」と彼女に労いの言葉（☜**この後の4章6.背中のツボ**）をかけていました。

　そんなこんなでハワイに到着する1時間前まで、僕はずっとコックピットで過ごすことになりました。行きの飛行機ではほとんど自分の席にいなかったため、一緒に搭乗していた兄の友人からは「同じ料金を払っているのにズルい！　男の夢じゃないか！」とさんざん羨ましがられました。

　この他にも、そのCAさんは「あの席に座ってらっしゃる男性はお兄さんですよね～。よく似てらっしゃるからわかりました」（☜3.脚のツボ）と、僕の連れのことまでよく観察されていました。このCAさんとのエピソードで僕が感動を覚えたことは、単純に見た目の情報ではなく『一歩踏み込んだ情報』に対してCAさんがアクションを起こしたということです。彼女がやったことは僕の**4のツボ**を押しにきたということです。

　1～4はコミュニケーションの**基本のツボ**ですが、**これだけでも人の心を揺さぶることが可能です**。決して侮れません。そして、覚えておきたいことはこの特別な体験のきっかけとなったのは、**僕自身も彼女のツボを押した**ことからでしょう。

7つのツボの魔法　　実践者インタビューⅠ

聞く側の意識が変わるコミュニケーション能力が身についた。
取引先役員から指名が来たり、子育てにも大きな変化が！

M.U.さん／45歳／男性／職業　IT企業部長職

　こさささんとは20年前、僕がアルバイトで働いていた会社の先輩後輩として出会いました。先輩である**こささ**さんは、一緒に働いている人のためにどうしたらいいかを常に考え、行動し続けている人でその在り方にたくさん学ばせていただきました。そして単なる仕事の関係を超え、人生の師匠として今でもずっとお世話になっています。

　お客さま対応業務における話し方や人を育成することなど、さまざまな場面でさりげなくその場に応じた『7つの話すツボ』を教えてもらってきました。出会った頃僕が所属していたのは、取引先のお客さまからの電話に直接対応する、コミュニケーション力が一番求められる部署でした。

時には怒っているお客さまの対応をしなければならず、大変に感じることが多くありました。しかし、**こささ**さんから「クレームを言ってくる人というのは、要は困っている人だからしっかり話を聞いてあげることが大事だよ」と教わり、「『相手の立場に立って考え一生懸命聞く』ことがお客さまの気持ちを変化させていく」という姿を隣で見せていただきました。

こさささんに教わったことをひたすら繰り返し対応していくうちに、最初は怒っていたお客さまもだんだん僕を頼りにしてくれるようになり、やがて同じ人から何度も指名されるようになりました。

そして、その人が定年退職された時には僕に電話がかかってきて「お世話になったね、ありがとう」と言っていただけたことは今でも深く印象に残っています。

他にも言い方がきつかったり、他者とトラブルになりがちな人でも、僕だけは打ち解けて仲よくお付き合いさせていただけることもありました。

おかげさまで今では僕も後輩を育成する立場にあります。最近では取引先企業の重役から連絡があり「役員が揃う重要な会議に同席してほしい」と指名でご依頼がきました。

話を聞くと、「どんな困った場面でもあなたはちゃんとやってくれるから、自分の部下より信頼できる」と言ってくださったのです！　大変嬉しく励みになる出来事で、みんなで喜びました。

また、このメソッドは子育ての場でもとても役立っています。

子どもはウソをついたりごまかしたり、話が支離滅裂なことも多いですが、子どもなりの芯や理論、考え方があります。大人に比べたら成熟していないかもしれないけれど、何かしら素直な気持ちであることには間違いありません。そこを大切にして話を聞いてあげるようにしていると、奥さんから「わたしは上手く聞けないから、あなたから聞いてほしい」と言われるようになりました。

他者の話を聞く時に、相手が大人か子どもかなんて関係ない。『７つの話すツボ』で相手側の意識が変わり良好な関係を築ける。

人生が豊かになるコミュニケーション能力を身につけることができ、とても感謝しています。

3章 5. お尻のツボ

ムギュ度 ❤❤❤❤❤

〜ドライブ編〜

ひなた　いやっほ〜〜〜い！　さすがジャガーは乗り心地最高っスね！

　高速走れて気持ちいい〜！　こんないい車、俺もいつか欲しいっス！　やっぱ男の憧れっスよね──！

こっさん先生　あはは、そんなに喜んでもらえたら運転のしがいがあるなぁ。僕が今こうやって大好きな車に乗れているのも、コミュニケーション力のおかげでいろいろな方に助けていただいたからです。ありがたいことです。

ひなた　こっさん先生みたいになれるんだったら、努力する価値があるな！　と思って、教わったこと、毎日仕事前に「話すツボ手帳」を見ながら確認してますよ〜。

こっさん先生　ハハハ、おや、それは本当かな？　自分ではやっているつもりでも、できていないことがありますから意識して取り組んでくださいよ。

　さてと、サービスエリアに着きましたね。車を降りてちょっと一服しましょうか。

ひなた　やったっ。ちょうど小腹が減ったなと思ってたんですよね。おやつおやつ…。おっ☆いいの見つけた、…これにしよっと♪

ＳＡ売店店員　どうも、ありがとうございましたー！

こっさん先生　いや〜、今の店員さん最高の笑顔で、ほんま気持ちのいい挨拶やったな〜。

　やっぱり挨拶っていいよね。あんな挨拶をされると、こちらまで気分がよくなるな〜。あ、れ…？　そういえば…、きみ…今日、最初に会った時、挨拶してへんかったよな…？

ひなた　あれれ…!?　俺、挨拶したつもりでしたけど…、ちゃんとできてなかったかな!?　それはどうも失礼しましたっ、す

みませんっ。

こっさん先生　きみ、そういうところ気をつけなあかんよ。覚えているかな？　**挨拶はコミュニケーションのもっとも基本の1のツボ**ですからね。

ひなた　はっはいっ。気をつけますっ！　いや〜、俺って抜けてるっていうか、詰めが甘いっていうか、こういうところがほんとダメだぁ…。

こっさん先生　**『話すツボ』は自然とできるようになるまでは、常に意識する**ことが大切ですからね。失敗や反省を繰り返しながら、身につけていくものです。ひなた君は、いつも元気で素直なところが魅力だから、落ち込まないで進めていきましょう。

ひなた　はい…ありがとうございます。過信しちゃってすぐこれだ。（泣）

　こんな俺…いや、僕ですが…、これからも見捨てずによろしくお願いします。

　…あ、そうだ、これさっき買ったんだ…。先生は甘いモノお好きですか？　お詫び…ではないんですが、今日のお礼にシュークリーム、先生の分もあるんでよかったら、どうぞ…。

こっさん先生　おお、これはこのパーキングの名物スイーツだね。僕の分まで買ってくれてたの？　気持ちが嬉しいな〜。ありがとうな。早速いただきます。うん、これおいしいなぁ！

　さぁて、遅くならないうちに行かないといけないね。ゆっくり休憩できたし、食べ終わったらそろそろ車にもどりましょう。

序章

第1章

第2章

第3章

第4章

第5章

最終章

相手との距離を一気に近づける
お尻のツボとは

ブウォンブウォン…　　（再び車内）

ひなた　はぁ…。こっさん先生。いつもは飲み会の席や人と一緒なのでなかなかお話しできなかったんですが、この機会に先生に伺いたいことがあるんです。聞いていただけますか？

こっさん先生　どうしたかな？　僕でよければ何でも遠慮なく相談してね。

ひなた　実は僕、どうやったら、もっと信頼を得られるような人間になれるのか悩んでいて…。ほんといつも、ついついノリと勢いだけでいっちゃうから、先日も、うっかり何気ない言動で、お客さんを怒らせちゃったんです…。

　そのことがきっかけで、自分のダメな部分にちゃんと向き合っていかないといけないなって、最近つくづく感じていたんです。僕みたいな性格でも、面白がって気に入ってくれるお客さんもいるんですが、やっぱり好いてもらえるのってごく一部の人だけだなと思っていて…。至らない課題をクリアして、もっとたくさんの人から求められる、信頼される営業パーソンになりたいっす。でも何をどう改善していったらいいか、わからないんです…。

こっさん先生　そうでしたか。そんな悩みを持っていたんですね。

　ひなた君は今の元気さや明るさ、それから臆せずどんな人の懐にも飛び込んでいける愛嬌あるところがとても素敵な持ち味

だから、そこは大切にしたいよね。きみの個性を活かしながら、話すツボを身につけていけたらいいですね。

　１〜４のツボまでは、一般的なコミュニケーション本で語られていることだけれど、ここから先のツボはなかなか言語化されているものを見かけない。だから人より一歩も二歩も差をつけられます。営業パーソンとしての人気や信頼を獲得することや、人の心を開いていく本当の鍵はここから先が大きなポイントになってくるよ。

ひなた　ええっと、話すツボ手帳の図（口絵）で言うと…あ、これかな。**５番目のツボは「お尻」ですか？**

こっさん先生　はい。そうです。**『お尻のツボ』はちょっと特殊**ですがね。

ひなた　お尻って触ってはいけないイメージがありますが。（笑）

こっさん先生　いい気づきですね。お尻を触られると、ちょっと恥ずかしい気持ちになるよね。同じように、その人が触れられると、思わず照れてしまうような感覚になるポイントがお尻のツボです。

　例えば先ほどのシュークリームを例にだしてみよう。ガッシリとした体格の男性がいたとします。その人がシュークリームに目がないことがわかったとしましょう。この場合のお尻のツボの押し方はこういった感じになります。

「シュークリーム好きって、何かかわいいところありますね」

「意外と甘いものとか好きなんですね」

「え、奥さんとシュークリーム屋さん巡りしているんですか？何かいいっすね、微笑ましくて」

　そんなふうに言われると、なんだか恥ずかしくなってしまう

よね。

ひなた　人によっては怒られそうだけどな…。僕も何の気なしに言っちゃうこともありますけど…。

こっさん先生　そうなんです。お尻のツボはなかなか『**攻めのツボ**』です。**押し方に気をつけなければいけない**です。このツボを押されると人は恥ずかしくなる。しかし、バカにされているわけではないので照れくさい。これがミソです。

　人にはそれ以上近づくと不快に感じる「パーソナルスペース」という距離感があります。しかし、こうやって上手くお尻のツボを押すことができたら、スッとパーソナルスペースに入り込んで、距離感が一気に縮まるんです。

ひなた　「**距離が近づく**」というのが５つ目のツボの大きな特徴なんですね。

こっさん先生　４つ目のへそのツボを押すことは、表に出ている部分をほめているので相手に気持ちよく感じてもらえるかと

ハートのパーソナルスペースに
上手く入れると親しくなれる

は思います。順当に行けば「いい人だな」と思ってもらえるでしょうね。しかし、お尻は4までのへそのツボと比べ物にならないくらい距離感が近づきます。ツボを押された相手は「え、やめてくださいよー!」と思いながらも近づいてくるんです。それは相手の心を開いていくからです。

　当然、一度心を開いてくれた相手は、さらに深い共感を覚えてもらいやすくなるし、本音も言ってくれやすくなりますよ。

ひなた　う〜んでも、こういった会話って、つい踏み込んじゃうんですが、さじ加減というか頃合いが難しいなって思うんです…。

キュートな部分を探せ

こっさん先生　そうだよね、「お尻のツボ」とは相手がくすぐったくなるところ、ちょっとかわいいところ、ちょっと気恥ずかしいところ、自分は触れてほしいのにいつもスルーされているところ、気づいてもらえないようなところのことなんです。つまりその人の見た目や普段の言動とギャップのあるところ、その人のキュートな部分を押すと意識してみてください。

ひなた　先生ちょっと難しいです。一体何がキュートな部分にあたるんでしょう?

こっさん先生　そうかなごめんね。**キュートな部分とは「ギャップがある部分」**ですよ。

　典型的なのが例で出したシュークリーム好きの男性の話。厳つい見た目とは裏腹に甘いもの好きというのはギャップがあり、キュートさがあります。そんな一面を相手に触れられると思わず気恥ずかしくなってしまうでしょ。

ギャップを見つけることは、そこまで難しくないのです。いつもは厳しい上司が娘さんにはデレデレ、ふんわり系女子がゴリゴリの時代劇好き、しっかり者キャラなのにおっちょこちょい。トークを続けているとそういったヒントが顔を出してきます。その中で意外性のある部分に気づき、触れていけばいいのです。キーワードを挙げるとすれば「意外に○○」という部分です。

　ただし、くさしたり、バカにしている雰囲気はすぐに相手に察知されます。**当然ですが相手へのリスペクトは必要です。**
ひなた　リスペクトが伝わるような伝え方か…。僕はそこがちゃんとわかってもらえてなかったのかもしれないな。

☀ いやらしくならない方法

こっさん先生　お尻のツボ以降のトークは深いコミュニケーションになりますが、ここから一気に「いやらしさ」「わざとらしさ」が隣り合わせになってきます。お尻のツボであれば「私のことを知らないくせに、ずけずけと入ってきやがって」と思われてしまいやすい。それで共感を得てもらうことなど夢のまた夢です。
ひなた　**無神経な印象にならないように気をつけなければいけ**
ないんですね。

　しかし、どうすればいやらしさが消えるんでしょうか。
こっさん先生　OK、知りたいよね。ですが、その方法を教える前に、いやらしくなる原因から考えてみましょう。

　例えば、夫が「たまには妻にケーキでも買うか」と思って家に帰った時を想像してみてください。夫の気持ちは「今週忙し

くて家のことができていないから、せめて妻にスイーツでも」
と思っていたり、テレビでたまたま紹介されていたケーキをふ
と見つけて買って帰ったのかもしれません。このようによかれ
と思った100％好意の状態で買ったにもかかわらず、家に帰る
と喜ぶどころか「あんた何？　浮気でもしてきたん？」と言わ
れてしまう。

ひなた　あはは、あんまり笑えないたとえ話ですね…。

こっさん先生　似たような話はそこら中にあるのではないでし
ょうか。

　これは「普段やっていないことを急にするから」あらぬ疑い
をかけられてしまうのです。これが給料日には毎月ケーキを買
って帰っている夫であれば、疑われる余地がありません。

　そして日頃からやっていないことや、慣れていないことをす
ると、人間はどうしてもぎこちなくなります。初めて踊るダン
スや久しぶりにスイングするゴルフのようなもの。脳みその神
経も体の動きも慣れていないので、どうしてもぎこちない動き
になります。

ひなた　（苦笑）

こっさん先生　合コンでも、自分をよく思われたい人がこれみ
よがしにサラダを取り分ける光景がよく見られます。しかし見
ている側は「アピールのつもりだな」「これは普段からしてい
ないぞ」とだいたいわかっているのです。慣れていないので、
アクションも大きくなります。見ていると「いやいや、そこま
で立ち上がらんでも取れるでしょ」とツッコミたくなるほど。
あるいは「サラダ取り分けるねー」などとアピールしますが、
友達同士の飲み会など普段からやっているなら何も言わずに取
り分けてしまいます。そうやって上手な人はさりげなく取り分

け、しかもトマトや生ハムの量を人数分に分けている。たまにしかしない人のサラダの大皿には、基本的にレタスが余ります。

ひなた　う〜ん、たしかにいますねそういう人。

こっさん先生　では、どうすればぎこちなさが消えるのか。練習を積むしかありません。慣れると自然な動きになる。場数をこなすことが大事なのです。

　レタスを残してしまうケースに対し、食卓でいつも料理をよそってくれるお母さんの場合は、空気のように気づいたら自然と分けてくれます。

　場数を踏んで慣れていたり、当たり前になるといわゆる潜在意識の中に染み込みます。家を出る時に靴を右から履こうか、左から履こうかと考えないように、自然と無意識でやれるようになる。すると、そこにぎこちなさは消えていきます。自分の立ち居振る舞いに「わざとらしさ」がなくなります。身振り手振りや言葉に大げさ感がなくなるんです。

　前出の「ありがとう運動」も、社員たちには習慣化してもらうように強く言っています。これは無意識でできるようになってほしいからなのです。

　いやらしく見えてしまうもうひとつの理由は、「見返り」が見え隠れしているパターンです。見返りを期待したり、気に入られようとしたり、ありがとうと言ってもらいたいと思うと、それが自然と空気感として出てしまうのです。すると、いくら慣れていてもぎこちなさや不自然さが生まれてしまいます。

ひなた　下心が透けて見えないように要注意だ。

お尻のツボを触る注意点

こっさん先生　重ね重ねになりますが、お尻のツボは取り扱い注意ですよ。

　ここまでお伝えしている内容を猿まねするだけでは、相手にいい印象を与えられないリスクもあるでしょう。それは同じハグでもスキンシップなのか、はたまたセクハラなのか。**喜びを共有するアクションも犯罪にもなりうるように天と地の差がある**んです。

　話すツボも同じで、いきなりお尻を触ると怒られます。完全にセクハラです。我ながらお尻というたとえが絶妙だと思うのは、付き合いの浅い人が**いきなりスキンシップを取るとセクハラやわいせつ行為になるような距離感**だからね。

　ステップを踏まずにいきなり触りにいくと「変態！」と言われてパチンと手を叩かれてしまいますよ。

ひなた　やっぱり僕がよくやっちゃう失敗の原因はこれか…。

こっさん先生　その可能性はあるかもしれないね。特にオープンマインド過ぎるタイプの人の場合、他人が心地よい距離感やタイミングに気がつかないことがありますからね。その場合、無神経だと思われて敬遠されたり、デリカシーのない人間と思われます。ですが、そうではないタイプの人の場合も、ここではやはりステップが重要ですよ。

　まず4までのステップをしっかり踏めているかどうか。ここをクリアしていると、5つ目のツボがきれいに決まりやすくなります。

ひなた　そうか〜、僕、ちゃんとステップが踏めてなかったんだきっと…。

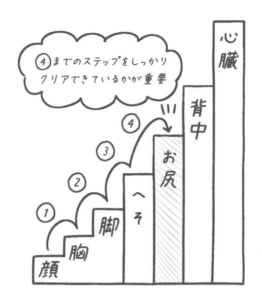

こっさん先生　立食パーティーでスイーツを食べている男性と挨拶をしたとしましょう。そのスイーツ好きという意外性を見つけて、「〇〇さん、かわいいところありますよね」と言ったとします。これでは、あまりにも唐突すぎますよね。微妙な空気が流れること必至でしょう。

　しかし、その前のトークで、
「え、すごいお若いのですね」
「お若いのに、あのプロジェクトも手がけられていてすごいですね」
　などとしっかりステップを踏んでおく。
　そこから、
「そのケーキ、美味しいですか？」
「〇〇さん、甘いもの好きなんですか？」
「彼女さんとよく食べに行かれるんですね」

「ちょっと失礼やったらごめんなさいね。あの、こういうのが好きって、かわいいところあるなと思っちゃいましたよ」

　こういったプロセスを踏んでおくと、**セリフは同じでも、相手の受け取り方が違ってきます。**4までのステップを踏んだあとにお尻を触られると、大体の人は笑顔になります。

ひなた　なるほどなぁ。たしかに自然な流れで打ち解けていく様子が想像できます。

お尻を触って一瞬嫌な顔をされたら

こっさん先生　僕がお尻のツボを押す時には、「本当に失礼になったらごめんなさいね」というように、最初にことわりを入れておきます。

ひなた　さすが先生！　なるほど細やかな言葉がけですね。そこで**ワンクッション入れておくと、受け取り手も柔らかく受け止めてくれるようになる**んですね。

こっさん先生　それでもお尻を触ろうとした時にシレッと流されてしまったり、表情が一瞬曇ってしまうことはありえますよ。

　もしここで相手が嫌そうだったら話をさっと流せばいいだけ。そして、その話は流して、もう一度立て直せばいいんです。

　この時、上手くいかないからといって、横にスライドするように別のお尻のツボを押すことは賢明ではありません。スイーツ好きのトークが不発に終わったからといって、例えばスマホの待ち受け画面に設定されている娘さんとの写真を話題にするのはリスキーです。「気持ち悪い」「何か目的があるの？」と勘ぐられるかもしれません。

ひなた　失敗した！　と思っても慌てず、冷静に立て直すこと

が大事なんですね。

こっさん先生　焦ることなく、**3つ目の脚のツボや4つ目のヘ
そのツボから押し直し**ていきましょう。

　　5つ目のお尻のツボは、3や4のツボの延長線上にあると考
えてください。つまり別のルートをたどることになるのですか
ら、一度入り口に戻るイメージです。登山で山上を目指す時「男
坂」というルートを進んでいたものの、途中で行き止まりになっ
ていたら、きみはどんな行動をするかな。木々をかき分け道
なき道を進んで「女坂」に行こうとはしませんよね。一度来た
男坂のルートを引き返して女坂を進んでいくはずです。

　　そして何度もアプローチしてみることは、悪いことばかりで
はありません。そうやってトークを続けているとパーソナルな
部分が見えてくるはずです。

　　時間に余裕がない時は別日に改めればいい。別日に「そうい
えばこの前お会いした時に○○とおっしゃっていましたけど」
と次に活かすこともできます。

ひなた　　『**引き返してまた別日に挑む**』…メモメモ…。

こっさん先生　　ただし、**次に会った時にお尻のツボを押そうと
するならば、やはりもう一度お尻以前のツボを押してからでな
いとダメ**ですよ。

ひなた　えっ、**1～4のツボをまた最初からやり直し**ですか!?

こっさん先生　当然です。ゲームのセーブポイントのように、
次回会った時に5のツボの手前から始まることはないからです。

　　とはいえ、再会したら「この間はありがとうございました」
と会話を始めるでしょうし、前回靴をほめた相手なら「え、今
日履いている靴もかっこいいですね」などとトークも弾むでしょ
う。そうやって自然な流れでトークはしやすくなりますよ。

　この時、4のへそのツボを押すかどうかは状況を見て判断します。なくてもいいですが、4のツボを**もう一度押すほうが相手に与えるインパクトは強くなっていきます。**

ひなた　こちらがすでに好意を持っているからといって、相手が同じとは限らないからですね。勝手に親しくなったつもりでいては危険だなぁ。

実は、5つ目のツボは飛ばしてもOK

こっさん先生　人との距離感の取り方や縮め方は自分の気持ちだけでなく、相手あってのことですからね。以前にもお伝えしましたが、相手の心の動きや様子をよく観察してくださいね。

　と、ここまでお尻のツボについてお伝えしてきましたが、実はこのツボは他と違って特殊な存在です。絶対に押さないといけないわけではありません。

ひなた　えっ！　そうなんっすか!?

こっさん先生　もちろん5のツボを押すことで関係性を一気にグッと近づけることは可能ですよ。でも気恥ずかしかったり、照れるような話をしてなくても4つ目のへそから、6つ目の背中に進んでいくことは十分できます。お尻のツボを押さえなくても、相手の心を開くことは可能なんです。

　ただし、お尻のツボは絶対に押す必要はないですが、なぜあえて5番目にこのツボが入っているかというと、**ここでお尻のツボを押しておくと、6つ目の背中のツボを押せる確率がぐっと上がる**からです。

　そもそもへそのツボで相手のポリシーや思いを聞いていくと、相手が少し照れながら話すこともあります。あなたも仕事への熱い思いを語る時、ちょっと照れくさいはずです。それはある

意味、お尻のツボと重なる部分もある。お尻のツボをグリグリ
とは押していないかもしれませんが、触れていることにはなり
ます。

　こうやって５つ目のツボを小さくてもジャブのように入れて
おくと、次のステップの難易度が下がるので、状況を見つつ行
動してみましょう。

ひなた　「**無理することはなくても、次のステップへ入りやす
くなる重要ポイント**」か…。それから、「**お尻のツボを押すた
めの、顔、胸、脚、へその４つの段階は必ず押さえた上で**」…
と。メモメモ…。

まとめ

□**お尻（５）のツボは『距離が近づく、攻めのツボ』**…「ギャ
　ップのあるところ」「意外に○○という部分」。

□**下心が透けて見えないように要注意。**

□**押し方に気をつけなければいけない。無理することはないが、
　次のステップへ入りやすくなる重要ポイント。**

□**お尻のツボを押すための、顔（１）、胸（２）、脚（３）、へ
　そ（４）の４つの段階は必ず押さえた上で。**

７つのツボの魔法　実践者インタビューⅡ

７つのツボのメガネで、
自身の強化すべきポイントがわかるようになった！

H.Y.さん／41歳／女性／職業　自営業

　わたしは７つのツボのメソッドに出会ってまだ３か月の初心者です。

　昔から、人前で話しをすることに苦手意識があったため、過去には話し方の本を読み漁った時期もありました。ですが、テクニックにかたよったノウハウ本は、純粋なコミュニケーションではない気がしてどうしても好きになれませんでした。

　このメソッドを初めて知った時も失礼ながら最初は斜めから見ている感じでしたが、**こささ**先生のお人柄に触れていくうちに、わたしも実践してみようという気持ちになりました。

　『話すツボ』を教わって１か月目に、ある交流会に参加することになりました。最近はリモートワークが中心で直接人と出会う場が少ないので、これは実践するチャンスだと思い、早速１のツボから４のツボまで試してみました。

　いざ実際にやってみると、なかなか難しい！　当たり前に思うことさえ上手くできない自分が、社会人として恥ずかしくなりました。

　しかし、同時に嬉しい発見もありました。コミュニケーション上手な周囲の人たちの『成功の秘訣』を、７つのツボのメガネで分析できているわたしがいて、強化すべきポイントが自分自身でわかるようになったのです。まずは気づけるようになったことで、それまでとは違う世界を感じられています。

　その他では、**こささ**先生と奥様の「７つのツボで発見した奥様の意外な一面」のお話（本書P.68）をうかがったので、わたしもまだ知らない主人について発見してみたいなぁと思いました。

　そんなある日、たまたま主人から４（丹田）、５（お尻）のツボあたり

の「わたしの想い・考え」や「ちょっと恥ずかしくなるような質問」をされたことがありました。

　彼からの質問に答えた後「これはチャンス！」と、わたしも4，5のツボ押し返しで今まで深く聞いたことがなかった彼の「仕事の理念」について質問してみることにしました。

　すると主人は、私が答えた後だったためかなんとなく勢いで話はしてくれましたが、だんだん「嫁になぜこんな話をしているのか!?」と我に返ったのでしょう。照れや恥ずかしさもあったのか、最後は少し怒った感じで話を終了させられました。（笑）

　わたしは普段しない話題に踏み込めて楽しかったですが、夫婦といえどもメソッドに従い、きちんとその時の話の流れの中で1〜4のツボのステップを踏んでいたら、もっといい感じでお互いの理解を深めることができたのかなぁと思いました。

　これからも、トライ＆エラーでチャレンジを重ね、他者との交わりの中でお互いがより気持ちよく関係を深める方法として、このメソッドを実践していきたいなと思います。

4章 6.背中のツボ

ムギュ度 ♥♥♥♥♥♥♥

~レストラン&バー編~

ひなた　いや～、申し訳ありません。せっかくの食事中に席を外してしまって。

　それにしても噂では伺っていましたが、こんな高級なレストランに連れてきていただいてよかったんでしょうか。お料理もお酒もお店の雰囲気も凄くて、なんだか僕、場違いな感じがして緊張しました。

こっさん先生　あはは、いいレストランでしょう。こういった**一流のお店でサービスを受けることも話すツボを学ぶいい機会**になるんですよ。「気持ちよさ」や「心地よさ」のツボを押されて自分の体験として体で知ることも大切です。

ひなた　さっき僕が席を立っただけで、スタッフの方がさりげなくお手洗いを案内してくださったんですよね。ちょっと肌寒いなぁ…と思っていたら空調を調節してくれたみたいだし。**何も言わなくても、僕が何を求めているかを敏感に察知してくれて、しかも自然に痒いところに手が届く感じ**が凄いな～って思ってました。

こっさん先生　1人ひとりのお客の動きをよく見てくれていますよね。サービスが行き届いた店はこういった細やかな気配りあるところが他とはちょっと違いますね。これもツボの力ですよ。

ひなた　うちは子どももまだ小さいし、なかなか家族でこんな場所には来れそうにないですが、奥さん連れてきたら喜びそうだなぁ…。

（携帯を気にしながら）　あぁ…、またかよ…。すみません、ちょっと失礼します。

こっさん先生　大丈夫？

ひなた　えぇ…。

こっさん先生　お腹いっぱいになったし、場所を変えましょうかね。すぐそばにもう一軒、行きつけのいいお店があるんです。

　〜老舗バー〜

ひなた　お〜、こちらのお店も、渋いですねぇ。僕みたいな若造にはハードルが高くて１人じゃ入れませんが。こっさん先生の日常は、僕の非日常です！

こっさん先生　いい店でしょう。このあたりに来たら、必ず立ち寄るバーなんです。

　ところで、そういえば、さっきは何かあったの？

ひなた　えぇ、そうなんです…。実は、お恥ずかしい話なんですが、最近…奥さんとあんまり上手くいってなくて。

こっさん先生　それで奥さんから何度も電話がかかってきていたわけだったんだ。

ひなた　はい…。なんだか些細なことでいちいち電話かけてくるんですよ。

こっさん先生　もしかして、ひなた君、休みの日も仕事仕事で最近家族サービスを全然できていないんじゃない？

　きっと奥さんはひなた君にかまってもらえないから、不満が溜まっているんだよ。

ひなた　うわぁ〜、やっぱそうっすかね…。

こっさん先生　奥さんはきっと、ひなた君が一緒に、ゆっくりコミュニケーションをとれる時間を作ってくれることを待ってるよ。まずはお休みの日や仕事が終わって帰宅してから、一緒にお酒を飲むとか、お茶を飲むとか、そんな時間をとってみるといいかもしれませんね。

　それから、月に１回でいいから自分から食事に誘ってみてく

121

ださい。昔を思い出して素敵なレストランでもいいですし、普段ひなた君が仕事関係の人と行くお店でもいいですよね。

「このお店はいつも話してる先輩とよく来るお店なんだ」なんて奥さんに話をすると、普段見えないひなた君の行動や風景が奥さんに伝わるよね。

ひなた　たしかに最近そういう時間作ってなかったです…。

　会社の人の話やお店の話をしても、どうせわからないし、話さなくていいか!?　って思っちゃってました。

こっさん先生　とにかくふたりで話す時間を増やすように意識するといいですね。

　あと奥さんが化粧品やアクセサリーが欲しいって言うことない?　そんな時、きみはどうしてる?

ひなた　女の人の買い物なんてよくわからないし、「何でも好きなもの買えばいいじゃん」って言って、お金はちゃんと渡してますよ。

こっさん先生　いやいや、そこはお金だけ渡すんじゃなくて、しんどいと思っても一回ショッピングについていきましょう。「あなたにはこっちの色のほうが似合うんじゃない?」って言ってあげるだけでいいですから。

ひなた　え〜、自分で好きなもの買えたらよくないですか!?

こっさん先生　きっとその時、奥さん「あなたは全然女心がわかっていない」ってふうに言ったでしょ。

ひなた　なんでわかるんですか!?

こっさん先生　奥さんはひなた君が「自分に興味がない」と思って寂しく感じていたから、あえて遠回しに「女心」という言葉を使って言ったはずですよ。それもあるから、まずはひなた君が奥さんに**興味がある、愛しているということがわかる行動**

を示すことからスタートしましょ。それに「ママ」じゃなくて、ちゃんと奥さんを『1人の女性』として名前で呼んであげることも大事だよ。

ひなた　そうなんだぁ…、いや～先生は何でうちの奥さんの気持ちまでわかっちゃうんですか。エスパーみたいですね。それ定期的に講演会してほしいっす。いや、相談会でもいいな、絶対世の中の男性が押し寄せますよ～。

こっさん先生　アハハハハ、これもすべて7つの話すツボをマスターしたら、わかるようになりますよ。

背中のツボとは

こっさん先生　奥さんの件にしても、僕はこの位置を想像しました。**6番目のツボは背中のツボです。**

　背中が人体の裏側に位置しているように、コミュニケーションにおける背中のツボも、その人の後ろ側に位置しています。

　背中のツボとは、人に見せておらず、あまり口にしていないようなこと。「背景」や「歴史」と言ってもいいでしょう。

ひなた　背景や歴史！　そりゃなんだか、ちょっとやそっとじゃ語れない話題になってきましたね。

こっさん先生　ひとくちに、その人の背景や歴史といっても、膨大な量がありますよね。同じように**背中の面積自体は広いですが、コリや張りに効くツボはピンポイントに存在している**もんです。話すツボも同様に「本当は自分からすごく言いたいけれども、自分からは言い出しづらい」話題になります。

　背中のツボを刺激すると、その人は「本当によく見てくれて

るな」「ものすごくわかってくれている！」とかなり**強い共感**をあなたに抱くでしょう。**感情も強く揺さぶられます。**

ひなた　**本当は言いたいけれど、自分からは言い出しづらいこと**…さっきこっさん先生は、僕の奥さんの**背景にある状況を想像して、そこから心情を読み取った**のかぁ…ふむふむ納得。

こっさん先生　例を挙げてみましょう。ある会社の中で新規事業の創出を担当している人が僕のところにインタビューに来た時のことです。その人は仕事柄、常に最新の情報をキャッチしておく必要がありますし、新しいものを生み出すには既存のものを組み合わせることもよくあります。そのため、いろいろなことをやっている僕のところに話を聞きに来たのです。その人は僕の話を熱心に、興味深く聞いてくださっていました。ひと通り話しが終わった後で、僕はこのようにお伝えしたのです。

「こうやってお話しさせていただいて、ほぼ休憩なしで僕の話を聞いてくださっていますよね。それも一生懸命に。すごくありがたいし、嬉しいなと思うんです」「確かに仕事だからということもあるのかもしれません」「でも、〇〇さんは義務的ではなく、好きだから聞いている、聞きたくて聞いている。そんな感じを受けました」

「それはたぶんですけど、〇〇さんが今の仕事をされている理由のひとつにあるんだろうなと思っていて。新しいことや自分が知らないこと、それをいち早く知れて、自分が聞きたいことを質問して聞けるし、学べる」

「それが仕事ではあるんだけど、なかには興味がないこともあるかもしれない。それでも話を聞いて直感的にやりたいか、やりたくないか自分で選別もできる。こんないい仕事ないですよ」

「そんな思いが、すごくヒシヒシと伝わってきました。だから、

僕もすごい熱が入って話しちゃうんだと思うんですよ」

ひなた　先生〜〜、たとえ話を挙げていただいただけなのに、心の底から理解された感覚と労いやリスペクトが伝わってきて僕なんだかじーんと来ちゃったんですけど！（笑）

こっさん先生　あはは、そうでしょう。このような、**相手の仕事の背景にある内容は、表面にはなかなか出てきません**。名刺にもSNSにも胸に秘めている仕事のスタンスやモットー、座右の銘は書いていませんから。

☀ ヘソと背中はニアリーイコール

ひなた　疑問を感じたんですが、一見すると、背中のツボは4つ目のへそのツボと似ていませんか。

こっさん先生　たしかに相手に「何で今の仕事を選んだんですか？」と聞いて出てくる内容は、『**へそのツボ**』とほぼ**ニアリーイコール**なところがあります。これではへそなのか、背中なのか違いがわからないよね。

　ですが、ここで、へそのツボを思い出してください。1〜3のツボを押せていない状態で、相手に一歩踏み込んだ質問をしてもスルーされて終わりでした。上辺で答えられたら、聞いた側もそれ以上深掘りしづらくもなります。しかし、ツボをしっかり押していけば心を開いてもらえる。**4つ目のへそのツボを押していることで、同じトークでもコミュニケーションの質が別物になる**んです。

　同様に、へそや5つ目のお尻のツボを押された後であれば、心の扉がかなり開いている状態になります。そして、その先に「背中のツボ」が待っています。へそやお尻のツボが押された

125

状態で、例えば、

「何でマーケティングに携わる仕事をしているんですか？」

「何で会社を立ち上げたんですか？」

　と、その人の背景を聞いてみる。

ひなた　以前スルーされた質問でも聞いちゃうんですか？

こっさん先生　ええ。僕ならここで「前はこんなふうに言っていましたよね。あれって何でなんですか？」「本当はあの時にもっと聞きたかったんですけどね」と聞いてみるかな。

ひなた　ふぅむ、すると、相手は「実は……」と話し始める可能性がグッと高くなる、というわけですか。

こっさん先生　だんだんわかってきましたね。そうです、ここでも相手のツボを押しているわけなんだけど、ここで、

「あ、そういう背景があったんですね。いや〜ずっと不思議やったんですよ」

「この前、もうちょっと聞いてみたいと思ってたんですよ。こんな話が聞けて嬉しいわー」

「うわぁ、そうなんですね、それはすごいわ」

「○○さんのすごさの秘密はそこにあったんですね」

　と言われたら、ダメ押しトークになります。多くの人は嬉しくなります。さらに、このトークやリアクションが呼び水となり、相手はもっと話したくなるでしょう。なぜなら「自分にものすごく興味を持ってくれている」と感じるからです。

　僕はこんな流れから「これは滅多に言わへんねんけどな」から始まる秘密のトークをいくつも聞いてきました。

ひなた　ここだけの話というやつですね。

こっさん先生　あるいは、こういった聞き方もありでしょう。

「じゃあ、それってめっちゃ天職ですね。今、すごい幸せでし

ょう？　羨ましい！」

　お気づきかもしれませんが、ここで**5のお尻のツボ**を押しています。相手も自分がポリシーを持ってやっていることを「羨ましい」と言われたら、なんだか照れくさい。でも嬉しい気分になるよね。こうやって**5と6のツボは行ったり来たりを繰り返すことも有効**なのです。

　もっと具体的に掘り下げてみましょう。

　先ほどの例を挙げて、マーケティングの仕事をしている人とトークをする場合。まず、**1〜3**のツボを押さえた後、**4の**へそのツボを押します。へそのツボ、つまりその人の見えている部分、オープンにされている部分を探します。きっと「マーケティング本部」などの肩書きがありますから、そこを取っかかりにしてみます。

　話を聞いていると、その人が「Ａ」という商品の担当をしていることがわかりました。これをきっかけにして、なぜマーケティングの仕事をするようになったのか、今に至るまでのプロセスを聞いていきます。

　何がきっかけでマーケティングという仕事に興味を持ったのか。もしかしたら、小さい頃に原体験があったのかもしれない。そして今現在どういう環境で働いているのか、この先どういうキャリア形成を目指しているのか。**その人の仕事に関することや趣味など、表には出てきていないもの。そういうものに触れていきます。**

ひなた　えっと…、ちょっと待ってください。ここまでは4つ目のへそのツボであってますか？

こっさん先生　その通り。ここから先が背中のツボに移ります。「学生時代から広告に興味あったんですか？　それは何でなん

127

ですか？」と聞いてみると、きっと昔の話が始まるでしょう。
「○○に感銘を受けたからなんです」
「自分もいつかは、発信する立場になりたくて」
　というふうに。それをさらに深掘りしていきます。過去だけ
に集中するのではなく、
「何か変わったことはあるんですか？」
「何か得たことあります？」
　という現在の話をしてもいいでしょう。
　そんなトークが続いたあとに、
「ああ、だからか。いや、○○さんが携わられている企画って、
こういうのが多いですもんね。何かわかりました」
「じゃあ、将来的にはこういう路線で行くんですか？」
　もし一緒に仕事をすることになれば、
「そういう思いを持ってやってくれはるんやったら、すごい嬉
しいです」
「今まで携わった方々って、喜んではったん違います？」
「お話しできて、めっちゃ光栄です」

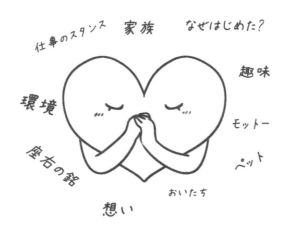

と言ってみる。普通の人は、自分の持っている「思い」を語る機会はほとんどありません。しかし、今やっていることには何らかの理由や経緯があるもの。そこに触れていきます。

ひなた　どんどん相手の人となりもわかってきて、深い会話になりますね。

ツボを押す練習　決めつけてみる

こっさん先生　そうそう、これはちょっとした技ですが、**背中のツボを押すひとつの方法として「決めつける」会話からきっかけをつかむ**こともあります。

ひなた　えっ、決めつけってNGじゃないんですか!?

こっさん先生　意外でしょう。男性なら、

「めっちゃいいスーツですよね、これ絶対誂(あつら)えですよね」

「こういうこだわりがあるっていいですよね、格好いいですよね。そういう大人って憧れます」

「僕も、○○さんみたいにできるようになったらいいなと思うんですけどね」

　こんなふうに仮に相手にこだわりがなくても、言い切られたら悪い気はしないよね。それは言い切りだからこそ、効果を発揮します。

ひなた　おぉっ。

こっさん先生　もしあなたが言い切る形でほめて、違っていたとします。スーツなら誂えではなくて既製品だったとする。でもそれはそれで、意外にトークが広がるんだよ。

「え、マジですか。どこなんですか、そんないいとこ。だって、めちゃめちゃフィットしてますやん」と言えば間違っていても

「スーツが様になるスタイルをしている」「スーツが似合う男性」「オシャレ」というメッセージを暗に発しているわけですから、相手は悪い気がしません。というわけで、ポジティブなことなら言い切ってもいいでしょう。

ひなた　ひゃー、それは目から鱗です！

こっさん先生　ただし、ここで忘れてはいけないことは、ここまでのスーツの話題でいえば、まだまだ**3**の脚や**4**のへそのツボを押しているに過ぎません。だから深い共感を得ようとするなら、さらに深く踏み込んでいく必要があります。

　例えば、トークしている相手がスーツをオーダーしていたとします。わざわざ高いお金を払ってオーダーする行動には、どう考えても確実に理由があるはずです。そこで、

「何でオーダーなんですか？」

「いつもオーダーをされるお店は決まっているんですか？」

　と聞いてみるといいでしょう。

　僕は以前、同じような質問をしました。その方は「実は麻生さんがずっとオーダースーツを着ているって言うやんか」という答えが返ってきました。元総理大臣であり、財務大臣でもある麻生太郎さんがフルオーダースーツを愛用していることは有名な話です。

　その方はこう続けました。「（麻生大臣の）流行りの形を取り入れず、いつもブレていない。ああいうスタイルが粋と思ってさ。ああいう粋なオヤジになりたいんだよ」と。

　こう答えてもらえたら、相手が背中を見せたようなものです。

「え、そうなんですか？　そういうこだわりや思いって、オヤジさんの影響とかあるんですか？」

「尊敬する先輩から影響を受けているんですか？」

　などとトークが広がっていきます。すると、その人の背景にあるものがどんどん明らかになっていきますから、**相手の背景や歴史にさらに深く踏み込むことができてくる。つまり、6つ目のツボを押すことができる**というわけです。

ひなた　すべては数珠つなぎなんですね。

☼ 背中のツボは難しい

こっさん先生　オーダースーツは、パッと見ただけでも気づく人は気づきます。全身を見ていれば、つまり3つ目のツボに当てはまりそうな気がします。しかしステップを踏めていない状況で「オーダースーツですか？」と聞いても、深く踏み込んでいくことはできません。本当のマッサージでも深部に指圧するためには、表面的な張りや筋肉の緊張をほぐしてあげないと、深く押し込むことはできないのと同じです。

　オーダースーツが話のテーマになっても、そこまで深い関係になっていなければ、こだわりや本当の思いまでは言わないでしょう。

ひなた　やはり、ここでも順序は重要なんですね。

こっさん先生　もちろんです。決めつけのテクニックで言うと、例えばスリムな女性がいたら、

「とてもスリムですね。お友だちにもよく言われるんじゃないですか」

「手もスラッとされていて、ジュエリーブランドの写真のようですね」

「いつも素敵なコーディネートをされていらっしゃいますね」

「以前からずっと細身をキープされてらっしゃるんですか？」

序章

第1章

第2章

第3章

第4章

第5章

最終章

というふうに言うこともできます。

　繰り返しになりますが、いきなりこういった話題を振るのはリスキーです。状況によってはセクハラと言われても仕方ありませんから、距離感を測りながら聞いてみてください。

　脚（3つ目）とへそ（4つ目）は、背中と近い関係にあります。言葉尻だけ捉えれば、ニアリーイコールの関係です。

　それはその人の「背景や歴史（背中のツボ）」が現在の「服装、身につけるもの（脚のツボ）」「こだわり、ポリシー（へそのツボ）に表れてくるからです。

ひなた　しかし、その間には、大きな壁を感じますよ〜。

こっさん先生　そう、大きな壁。この6つ目の背中のツボ以降は、大きな壁が立ちはだかっていると思ってください。背中のツボまでタッチできる人はかなり限られてきます。

　ただし、難攻不落の城ではありません。本当にその人に興味や好奇心を持ち「この人ってどんな人だろう？」「こういうところをもっと聞いてみたい」と思えるかが重要なんです。

［ツボを押す秘訣］

「最近いいことあったんですか？」でもOK

こっさん先生　先ほど超えられない壁と言ったので、相当ハードルが上がっているかもしれませんね。

ひなた　こっさん先生、ほんとですよぉ「何とトークすればいいか」と不安になってきました。

こっさん先生　そんな時はこんなふうに言ってみてください。「最近何かいいことがあったんですか？」

ひなた　なんてことない質問のように感じますが、そんな一言で背中のツボを効果的に押すことは可能なんですか。

こっさん先生　そうなんです。次のような会話も効果的ですよ。

「すごい幸せそうですよね」

「何かいいことあったんですか?」とかね。

ひなた　そう言っても多くの場合が「いやいや別に」と、深掘りさせてくれなかったりするんですが。

こっさん先生　そんな時はもうひと踏ん張り必要ですね。

「やっぱり、何かありそうですね」

「えー、教えてくださいよ!」

「何か買ったとか?　家族や知り合いに幸せなことがあったんですか?」

と、もう少し食らいついてみていますか。

ひなた　あー、言っている時もあるし、ひるんで言えない時もあるかなぁ…。

こっさん先生　そこはふんわり押してみると、開ける可能性が高まりますよ。

「いや、大したことないけど、最近ペットを飼い始めてさ」というように、ここで相手が口を開けばしめたものです。「猫ですか、犬ですか?」というように、そこからトークを広げていきます。

　ここでいう「ペット」のように、**ポロッと出たワードは非常に貴重な存在です。なぜなら「一度口にしている」**から。

　よく「ぶっちゃけ」という前置きとともに言われる内容はトークの流れがあってこそ。例えば、雑談をしていてもいきなり自宅の冷蔵庫の中身について語り出すのは勇気がいるものです。しかし雑談の中で「ふるさと納税の返礼品で冷凍庫がパンパン」

相手がポロッとこぼしたキーワードは貴重

などという流れになっていたら、冷蔵庫の中身について難なく
話すことができます。

　話題がまったく出ていないゼロの状態ではパッと何か新しい
話題を言うことに勇気が必要ですが、一度出していると、次の
トークを繰り出すことが非常に楽になります。この場合、ペッ
トの話題についてはどんどん話してくれるわけです。

ひなた　相手がついつい会話に乗ってしまうような方法ってな
いんですかね…。

［イエスセット

こっさん先生　ありますよ。心理学で「イエスセット」と呼ば
れるテクニックが有名です。

ひなた　わ！　どんな方法ですか？

こっさん先生　簡単に言うと、人は「イエス」という答えが続
くと、その後もイエスと言いやすいということ。

　大きな頼み事をしたい時、ストレートに伝えてもノーと言われ
る可能性が高くなってしまう。しかし、小さい頼み事であれば
イエスになる可能性が高くなります。そこで賢い営業パーソンは、

営業パーソン「今日も暑いですね」

相手「はい」

営業パーソン「今日はわざわざ時間を作ってもらってありがとうございます」

相手「はい」

営業パーソン「どうしても紹介したいものがあって。15分だけお時間いいですか？」

相手「はい」

営業パーソン「もし必要ないと思ったら、全然断ってもらっていいんで」

相手「はい」

ひなた　えー、そんなロボットみたいな会話になりますか？

こっさん先生　あはは、今のたとえは便宜上すべて「はい」にしましたが、「そうですね」とか「いえいえ、大丈夫ですよ」という肯定的なニュアンスの返事も「はい/イエス」に含まれます。

　こうやってイエスが続くと、次もイエスと言いやすい心理状態になります。小さなお願いを呼び水にしながら、大きなお願いを聞いてもらう、前向きに検討してもらうようにするのが心理学を応用したテクニックとして存在しています。

　相手がポロっとこぼしたキーワードを見逃さずにトークを広げていくテクニックは、イエスセットの小さいバージョンと考えれば理解しやすいのではないでしょうか。

ひなた　こぼしたキーワードを拾っていく…。

しつこいのは禁止

こっさん先生　ただし気をつけなければいけないのは、ここで

相手がブロックをしているのに、無理やり続けることは悪手となります。どうしても言いたくなかったり、気分が乗らない時もあるでしょう。「いいのいいの」などと言われたら、潔くその話題から身を引いてくださいね。

ひなた　はーい。

こっさん先生　しかし僕の場合はタダでは引き下がりません。

ひなた　ガクッ。先生〜ずっこけるじゃないですか。どういうことですか（笑）

こっさん先生　例えば「もういいっすよ〜！　○○さんが幸せそうにしてるから僕もちょっと嬉しいので、それでいいですけどね！　また今度聞かせてくださいよ」などと言ってみます。

　ここまで言われると、ついつい口元が緩んでしまう人はいます。それでも相手が乗ってこないのであれば、別のトークに移ればいいわけです。

ひなた　そこまで表現しちゃうと、こちらの好意200％伝わりそうですねー！

人は、自分のことを話したい生き物だ

こっさん先生　少し話は戻りますが、先ほどのペットを飼ったという話題を続けましょう。

　その人が飼い始めたペットは、犬や猫ではなく、まさかの爬虫類だったんです。そこで、

「え、爬虫類!?　マジですか。そこ行きましたか！」

「何でですか？　うわー、理由が聞きたい聞きたい。なんでだろう……」

と聞いてみたんです。

　この時重要なのは、こちら側が嬉しそうに「聞きたい！　聞

136

きたい！」という気持ちを前面に出すことです。

　そうすると、相手が一度口に出したことによってちょっぴり恥ずかしいことでも言いやすくなっている状況に加え、こちら側の強い好奇心が相まって、相手は「いやいや、それがね……」と話し始めてくれる可能性がグンと上がります。

ひなた　とにもかくにも大事なのは、こちら側が嬉しそうにすることなんですね。

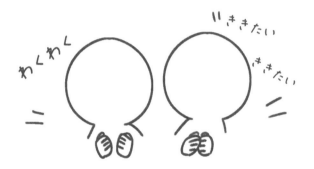

こっさん先生　そうだね。これはばかりははっきり示しておかないと、相手になかなか伝わりませんからね。「え、聞きたい聞きたい！」という雰囲気を十二分に相手に示します。

　我ながら「何かいいことあったんですか？」という質問ほど、抽象的なものはありません。

　では、**なぜこんなザックリした内容でも背中のツボを押すきっかけになるのか**。そして、なぜ自分は嬉しそうに聞くことが大事なのかわかるかな？

ひなた　うーん…。

こっさん先生　答えは簡単。**人は誰しもが「自分のこと」を言いたい生き物**だからです。きみも自分の話を興味津々で聞いて

もらえると嬉しい気持ちになるはずです。そうなると、ついつい余計なことまで話してしまうかもしれませんね。

ひなた　そっかぁ～。

こっさん先生　その一方で、**多くの人は自ら自分のことをベラベラと話そうとはしません**。浅い関係の人に自分のことを深く話すことは意味がなかったり、リスクになる可能性もある。さらに、どうしても自慢話になったり、相手にどう見られているかもわからない。

　そういった背景から、多くの人が「自分について話すこと」に自主規制を敷いているのです。そうやって言いたくても空気を読んで話していない時に、相手から「あなたの話を聞きたいアピール」がある。すると、どんな気分になるでしょうか。しかも相手は楽しそうに聞きたがってすらいます。

　相手の心理としては「自分の話を聞いてくれる」「自分の存在を認めてくれる」という気持ちになるわけです。

「何かいいことあったんですか？」という質問は何も聞いていないように見えますし、適当な質問にも思えてきます。しかし、「自分のことを話したい」と思っている人間にとっては、「**あなたを受け入れる体制が整っていますよ**」というメッセージを暗に伝えていることになるのです。

ひなた　何気ない質問がそんなに深かったとは、凄いです！

こっさん先生　アハハ、ありがとう。ところで、今回の場合、爬虫類という答えには意外性がありました。「え、知らなかった！　○○さん、爬虫類好きだったんですか!?」と聞けば……。そう、4つ目のヘソのツボにもかかってくるんですよ。

　他に目上の方にはこのような質問の仕方もとても効果的です。覚えておいてください。

「何でそんなにすごいのか知りたいんです」
「教えてください」「学ばせてください」

場数とパターン

ひなた　さすが６つ目のツボだけあり、難易度は高いですね。

こっさん先生　練習や場数は絶対に必要ですが、難しく考えなくて大丈夫。出発点としては「え、聞きたい！　聞きたい！」「おもしろそう、おもしろそう！」と好奇心を持てたらいいんですよ。強い共感を持ちたいと思うような相手であれば、自然と好奇心はわいてくるはずですから。

ひなた　数を重ねていくと、パターンのようなものが蓄積されていくもんなんでしょうか。

こっさん先生　もちろん。「たぶん、こういう考え方なんだろうな」「きっと、ああいう感情の動きに違いない」「前にこういう感じの人いたな」とわかるようになってきますよ。すると、別の人の話を聞いている時にも「この前、大手メーカーに勤める人も同じことを言っていたんですよ」とどんどん話を広げることができます。また、**次にどんな話題がくるかを見越して話を振ることもできる**でしょう。

　数を重ねていけば慣れるだけでなく、きみのトークにも引き出しが増えていくので根気よくトライしてくださいね。

☀ 言われ慣れている人にも効くの？

ひなた　６つ目の背中のツボは、立場のある人、いわゆる「偉い人」にも効果がありますか？

こっさん先生　当然です。よくあるゴマすりなら、偉い人は言

139

われ慣れています。しかし、この背中のツボは、ゴマすりでもヨイショでもありません。その人の歴史であり、言いたいけど自分からは言わないこと。そこを上手く押してあげることができれば、言われ慣れているかどうかは関係ないのです。

ひなた　そうか。**媚びるわけではないんだ。**

こっさん先生　**特に偉い人にはビジネスの話をするとグッと距離が近くなります。**偉い人にビジネスの話をぶつけるのは嫌がられるかもしれませんが、実績がある人なら話は別なのです。例えばこんなふうです。

　　僕「たった5年で一等地に本社を構えたんですか？　すごいですよね」

　　偉い人「長いこといる業界だから勝てる。経験したことばっかりだからね」

　　僕「いやいや、そう言い切れるのがまたすごいところですよ」

　　こういうふうに話すことがあります。**最初は謙遜していますが、好奇心や尊敬を持ってトークしていると、徐々に心を開いてくれます。**

　　特に、成功しているビジネスパーソンの話には、多くの学びがあります。自分の知らないこと、知ることができて自分の成長につながることが多いのです。ですから好奇心を持ってトークしやすいので、6つ目のツボを押す流れを作りやすくなるでしょう。

ひなた　いずれにしても、**大事なのは「この人は何が好きなんだろう」「この人が喜んでいるところ見たい」と、相手をよく観察をしておくことと、その人に対してすごく興味を持つこと**なんですね。

こっさん先生　もし相手が気難しい人でも「いつも真面目で気

難しい感じだけど、何でこうなったんだろう」と**疑問に思って、そこから広げていく**ことが鉄則ですよ。

「今」だけを見ない

こっさん先生　人は、「今」を評価しがちです。「社長」という肩書きや「名だたる企業に勤めている」という事実に目がいってしまうのは仕方ないですが、そこに終始していては背中のツボを押すことはできません。

「今」のポイントは入り口に過ぎません。その人の「蓋」のようなもので、今を持ち上げて過去を覗かないとその人のことなどわかりようもありません。**今をきっかけにしつつも、過去からの背景や表には見せていない面に触れてあげることが重要**なのです。

ひなた　過去に先生がこの背中のツボを押したトークの例を他にも教えていただけますか？

こっさん先生　そうですね…例えば、

「ここまで来られるのって、めっちゃキツかったでしょ」

「僕なんか全然想像つかないんですけどね、だって僕みたいなレベルの会社やってても寝れない時とかもありましたから」

「たぶん○○さんだったらものすごい大変な思いされたはずですよ」

「いや、でもあれでしょ？　きっと○○さんは『そんな大したことない』とか言うでしょ？」

　もしくはこんなふうに。

「こんなビジネスで上手くいってて、それでいてご家族とも仲がいいってすごいですね。その秘訣は何なんですか？」

「不思議ですもん。だってそんだけ働いていたら家族と過ごす

時間もないでしょ……、でもめっちゃ仲いいですよね。この間もフェイスブックで娘さんと遊んでいる写真を見ましたよ」

　どうでしょう？　相手の背景をリスペクトしながらツボを押すこの感じをつかんでいただけるかな。ここでは「時間の作り方が上手い」という**とっかかりから、その人のもうちょっと奥にある背景、つまり背中を触り**にいっています。あるいは、

「それだけ上手くいっていると周りの人からものすごく妬まれるでしょ？」

「いつも笑顔を振りまいてますけど、本当は見えないところでものすごく努力されてますよね」

　という質問も相手の過去や背景の入り口としてはピッタリかと思います。

ひなた　話すツボのレベルもどんどん上がってる…。この**6のツボを押さえたら、重役レベルを落とせる**かもしれない。どうしても身につけたい！

まとめ

□背中（6）のツボはその人の『背景』や『歴史』…「本当は自分からすごく言いたいけれども、自分からは言い出しづらい話題」。「理由」や「経緯」。

□脚（3）とへそ（4）は、背中と近いニアリーイコールの関係。

□こぼしたキーワードを拾っていくことで、深くへ踏み込めるチャンス到来。

□媚びるわけではない。

□今だけを見ない。

7つのツボの魔法　実践者インタビューⅢ

こささメソッドのおかげで成功体験ばかり！　仕事の昇進だけでなく彼女と結婚もでき、人生がどんどんよくなっていく！

H.K.さん／35歳／男性／職業　システムエンジニア

　このメソッドを学ぶことになったきっかけは5年前、僕の上司が**こささ**さんに「こいつを成長させてくれ」というお願いをしたことが始まりです。**こささ**さんの第一印象はズバリ「コミュニケーションおばけ」！（笑）コミュニケーションができるということは、やはり仕事ができることに大きくつながっていて、何かあったらすぐ「**こささ**さんに」と役員直々からのご指名があるということを、目の当たりにして驚きました。

　こさささんと毎月1回のミーティングを始めて最初に思ったことは「もっと早く**こささ**さんに出会いたかった」ということ。今でも「なぜもっと早くに出会えなかったのか」と思うほどです。

　弊社では平社員から係長への昇進が通常4〜5年とされているところ、僕はこのメソッドのおかげで3年という異例のスピード出世をさせていただきました。ですが実は、**こささ**さんに出会った頃の自分は、コミュニケーションが大切だとあまり認識していませんでした。

　なぜなら僕の勤め先はシステム会社なので、プログラムの仕様を知っていたり、理論的に考えられたり、知識があることが何より大事だと思っていたからです。

　そのため意思疎通がうまくいかず、認識の違い、考え方のズレが起こることが多々ありました。振り返ると自分の思いを上手く伝えられなかったり、相手にもくみ取ってもらえないことが仕事の妨げになっていました。

　しかし「7つのツボ」や「ありがとう運動」を学び実践する中で、深いコミュニケーションで相手のことを知った上でこそ、業務の知識が生きてくるのだと感じ、自身の意識が変わりました。

　相手に「どうアプローチしたら喜ばれるのか」「いろいろな人から『あ

りがとう』を言ってもらえるようにする」。そういった意識で人と関わることによってどんどん物事が円滑に運び出しました。

　出会いの場面においては、4のツボまでは当たり前に見えますが、一番簡単そうな最初の顔のツボでさえ「きちんと見る」ということができそうで、できていませんでした。

　しかしひとつずつ丁寧にツボを押さえていくことで相手の印象に残ったり、何かお願いをしないといけないことがあった場合スムーズにことが運んだり、相手のご好意で必要な人をつないでいただけるようになっていきました。

　それから、プライベートでも嬉しいことが続きました。

　たまたま、**こささ**さんと出会ったタイミングで今の奥さんとなる彼女と知り合い、お付き合いの過程で「7つのツボ」を実践していきました。

　彼女の素敵なところや変化に気づき、言葉で伝えたり、話をよく聞き相槌を打つことで彼女の心の内にグイっと入れたと感じました。

　当時の僕の様子を彼女に聞くと「どんどん魅力的に変化していった」という印象だったようです。結果、交際から約1年で結婚に至りました。

　7つの話すツボのメソッドは、5.お尻、6.背中、7.心臓のツボはなかなか難易度が高いなと感じ、初対面では「相手にどう思われているか」や「相手から認識を持ってもらっているか」がまだまだ気になります。なので、まだ相手の反応を感じながらおそるおそる接しているところは否めません。ですが7つのツボを知っているか知っていないかでは頭の中の整理に差が生まれ、人付き合いに大きな違いが出ると感じています。

　今後もさらにステップアップしながら、最初に**こささ**さんと約束した「一緒に部長を目指そう」と言っていただいた目標に向かって進んでいきたいと思っています。

5章7. 心臓のツボ

ムギュ度 ♥♥♥♥♥♥♥

~海辺のBBQパーティー編~

ゆい　こっさん先生、今日は本当に楽しい会にお招きいただいてありがとうございます。素敵な方々ばかり。ご縁を結んでいただいて嬉しいです。

ひなた　いやぁ、グランピングっていうんですか。たまにはこんなロケーションのいい開放的な場所でわいわいBBQするのもいいもんですねー。普段はあまり遊びに連れて行けてないんで、うちのちびもはしゃいじゃってます。

　わぁ、見てください、あんなにモリモリ食べてますよ。（笑）

こっさん先生　それはよかった。今日は、仕事の関係の人も多くいますが、皆家族ぐるみのプライベートなお付き合いのある親しい人たちばかりなので、気負わずお2人ともくつろいで楽しんで帰ってくださいね。

ひなた・ゆい　ありがとうございます！

こっさん先生　そうそう、ゆいちゃん。さっき、このパーティーの受付の子に、そっとお料理を持って行ってくれていたでしょ。彼女はうちの会社の子なんだけど、ゆいちゃんが気にかけて食べやすいものを選んで持ってきてくれたって言って喜んでいましたよ。

ゆい　いえっ、そんなたいそうなことではないんです。ずっとぽつんと1人でいらして何も食べていなさそうだなぁと思ったので。

こっさん先生　ひなた君も相手が飲んでいるものを見て、○○でいいですかと、さりげなく飲み物を渡したり、何気なく片付けをしたり空気のように動いてくれていましたね。素晴らしいです、ありがとう。2人ともツボ押しマスターになってきましたね。

ひなた　いやぁ、僕もKさんがずっと1人でお肉焼き続けてくださっていたので、申し訳ないなと思って、僕もなにかできることをと思っただけです。

こっさん先生　いつも僕がこういった**「人がたくさんいる時の振る舞いで気をつけなさい」**と、うちの社員や教え子たちに言っていることは、**「ありがとう運動のマインドで常にいなさい」**ということなんです。

　ゆいちゃんにしても、ひなた君にしても、人が気がついていないことに気がついて自然に行動に移せているのは、2人ともありがとう運動のマインドが身についてきた証拠ですよ。

　人が気持ちよく、心地よく過ごせる場づくりをするためには「ほら、やってるやろ」って主張してみせてはいやらしくなります。だから誰がしたことなのか、わからないようにやりたいものです。人は承認されたい生き物ですから、よいことをするのにアピールしがちなものです。例えば今日のBBQならきみたちや、Kさんのように何も言わず「ずっと焼いている」そんな人は信用できるなと僕は思います。

　受付の彼女にしても、今日はプライベートな会とはいえ仕事関係の人もたくさん参加しているから、彼女にとっては仕事も同然で気を張っていることでしょう。参加者から声をかけられるくらいは当たり前だけど、ゆいちゃんのようにお腹の空き具合など気にしてくれる人がいると彼女はそこまでは思っていない。だから**他の人は声をかけてくれない、他の人は見てくれていない部分を押してあげるとグッと相手のツボを押す**ことになります。

　さりげなく気が利くようになると、居心地のいい空気みたいな存在になれます。ひいては「あなたみたいな人がいないとダ

147

メだ」と言ってもらえる人になる。

　実は、こういった何気ない場面でのやりとりが仕事で良好な関係性につながり、ここぞという時に相手から望まれたり、融通を利かせてもらえるきっかけになったりもします。仮にゆいちゃんがいつも受付の彼女と電話だけでやりとりしている関係でお互いに面識がなかったとしても、後日、あの時のあの人がそうなのかとなることがある。彼女は事務だから書類や何かで間違いがあった時にも、いい印象を持ってもらっていることで、ミスに対してもやわらかく受け止めてもらいやすくなります。

ゆい　わぁ、些細なことと思っていてもそんなふうにとらえていただけることもあるんですね。「あなたみたいな人がいないとダメだ」と言ってもらえるようになれたら営業パーソンとしても最強ですね。

こっさん先生　こういったパーティーや宴会の場で、もうひとつツボを押す方法もお伝えしておきましょう。楽しい場では、盛り上げ役を買って出てくれてるような方もいます。そんな方には、2人になった場面などで「〇〇さんて、ほんますごいですよね。そんなところよく気がつくよね」と声をかけたりします。相手が触れられてちょっとポッとなるような5のお尻のツボを押しにいきます。**他の人は声をかけてくれない、相手の想像を超えるとハートをつかみやすくなります。**

　企業で言えば、『感動品質』という言葉を理念にしている会社をよく見かけますが、実際やってるところはそんなにない。だから掲げているのかもしれないけど、**期待値を超える、まさかこんなことまでしてくれるの？　わかってくれるの？　ということが心臓のツボを押すことにつながる**のです。

心臓のツボとは？

ひなた　７つのツボ最後の『心臓のツボ』とは「ハート」のことですね。

こっさん先生　はい。その人の本質の部分です。

　心臓のツボは、４つ目のへそや５つ目のお尻、６つ目の背中と重なる部分があります。ある意味、それは当然でしょう。心の本音なので思わず照れてしまうキュートな部分やその人の歴史とは密接な関係にあるからです。

　そうやって密接な関係にはありますが、ハートはへそやお尻、背中の隣にあるというイメージではありません。もっと奥底です。ハートというだけあり、心臓のツボはその人の相当深いところ。そもそも心臓は人体の中でももっとも重要な臓器のひとつであり、筋肉や脂肪、そして肋骨などによって取り囲むように守られています。**心臓のツボとは話のツボに置き換えると『人の本質』**にあたります。

ゆい　人の本質とは一体何でしょうか？

こっさん先生　トークをしていく中で、仕事や趣味を聞いたり、ちょっと照れがあるお尻のツボの話題の中で、**ポロッと出てくる人間性**のようなものがありますよね。

「この人って照れ屋さんなんだな」

「結構シャイな人だ」

　など、なんとなくでもその人の人となりがわかってくる部分です。

　あるいは、トークしているとその人が怒るポイント、許せないポイントが出てくることがあります。

ひなた　例えば、「筋を通さないヤツが大嫌いでさ」と怒りをあらわにしていれば、その人は「筋を通さないこと」が怒るポイントということでしょうか?

こっさん先生　そうです。人は、大事だと思うからこそ、こだわりがあるからこそ怒ります。どうでもいいと思っていることに怒る人はいません（もっとも他人から見れば、どうでもいいことに怒っている人は多くいますが）。このように**怒るポイントやこだわりからも、その人の人となりが見えてきます**。

　もちろん、心臓のツボを押すことは**6の背中までのツボをしっかり経た上**であることは、言うまでもありませんよ。

☀ 実は○○さんって××ですよね?

こっさん先生　僕は、そういった**素の部分**を見ては「この人って実はこんな感じなのかな」と**予想を立てて**いきます。

　例えば、たくさんの部下を抱える部長さん。日頃からしっかりしていて頼りがいがあるように見えるものの、**実は寂しいと思っているんじゃないか**。

　あるいは、いつも明るく振る舞って周囲の人間を元気にさせる太陽のような存在の人だけど、**実は人には言えないものを背負っているのではないか**……というふうに。

　よくあるパターンとしては、2人でお酒を飲んだ時などに

「実は○○さんって××ですよね」

「本当はあれ違います?　今の状況ってちょっとハードすぎるん違います?」

「何かホッと休まる場所があったほうがいいんと違います?」

　そう聞いてみると、相手の素性がポロッと姿を見せてくれる

ことがあります。

ゆい　現代社会に生きていたら、誰しも何かしら抱えているものですものね。

こっさん先生　その通りです。家族関係や仕事で上手く行っていないことから、将来の不安まで。もう人生が上がったような億万長者でも、それはそれで「刺激が足りない」と感じていることでしょう。

それって占い師じゃないの？

ひなた　でも先生、それって「インチキ占い師と一緒じゃないか」と思っちゃったんですが。

こっさん先生　ひなた君、するどい視点ですね。例えば、

「真面目で几帳面に見えますけど、実は天才肌でマイペースなところありません？」

「おおらかな性格で自信があるように見えてますけど、意外とめんどくさがりやで警戒心が強いところありますよね」

この質問は、血液型による性格テストを適当に組み合わせた内容です。

　それぞれの組み合わせを入れ替えたら誰にでも当てはまるような内容でしょう。余談ですが、これは「バーナム効果」という心理学のテクニックで、曖昧な内容でも自分のことを示しているように思ってしまう心理作用です。

　一見すると、その人の素を引き出す質問や心臓のツボを押す質問はバーナム効果や、もっと言えば、レベルの低い占いと同じに見えるかもしれません。

　たしかに一部だけを切り取って見れば、その辺の占い師や口説き文句と重なる部分があります。しかし、ここまでのツボをしっかり押さえているからこそ、強く相手のツボを刺激することができます。

　反対に、**ステップを十分に経ていなかったらほとんど効果がありません**。相手に「それって誰にでも当てはまるやつでしょ」「うさんくさ！」と心の中でツッコまれて終わりでしょう。

ゆい　「君って、本当は寂しがり屋だよね」っていうのも同じテクニックですか？

こっさん先生　そうです。このセリフをどれくらいの男が口説き文句に使っていることでしょうか。こんな使い古された口説き文句もまた心臓のツボを押すことができます。

ゆい　あらやだ、わたし、うっかり心臓のツボ押されたことありました。（苦笑）

こっさん先生　でも上手くいかないパターンもあるんですよ。それは、事情を大して知らない相手から「寂しがり屋」だと言われたら相手はどう思うでしょうか。怒ったり、不快に思ったりするはずです。なぜ上手くいかないかといえば距離感に問題

があるから。つまり心臓の前段階のツボを押せているかどうかなのです。

ひなた　タイミングと間柄が重要で、もう少し距離が縮まった時に言えば効果的になるということであってますか？

こっさん先生　はい、**その人の「もと」や素性というのは、照れや背景や歴史の下に埋まっている**と考えてください。お尻や背中のツボに触れていく中で心臓のツボの一部が少し顔を出します。ですから、やはり6つ目までのツボを経てからでないとハートのツボを押さえることはできません。

　7つ目のツボは、最後の最後です。しっかりとステップを踏んでからツボを押さないと上手くいきません。

「君って、本当は寂しがり屋だよね」というセリフに関してですが、ステップという意味でいきなり「寂しい」と言うのもいただけません。

「実は、ふとシンドくなったりすることないですか？」

「すごく頑張ってますけど、ふとした拍子に何かに寄っかかりたい時とかあるっしょ？」

「そんな時は僕に言ってくれたらいいっすよ。何でも聞きますから」

　言っている内容に大差はありませんが、こういった言い方だと、あまりいやらしくはなりません。ダメ押しするなら、こんなふうに言った後で、

「そういう寂しい時ってありますよね？」

　となると、相手は自然と首を縦に振ることができるのです。

ひなた・ゆい　なるほど〜、大いに納得です。

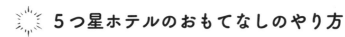# 5つ星ホテルのおもてなしのやり方

こっさん先生 ちょっぴりドキっとさせるツボを押す例をお教えしましょう。あなたはコーヒーよりも紅茶が大好きな人だとします。2度目に会った人とカフェに行き「○○さん（あなた）は紅茶派でしたよね？」と言われると、なんだか嬉しい気分になるのではないでしょうか。

　あるいは、コーヒーを飲むのにしても「砂糖はなしで、ミルクだけでしたよね？」とあなたの**好みを覚えてもらっていると心がポッと温かくなる**ような気がするはずです。

ゆい わ〜、たしかに、「わっ♡」って嬉しい気持ちになりますね。こんなさりげないことが、相手の心臓のツボを押すきっかけになるなんて。

こっさん先生 もちろんドリンクの好みを覚えているだけで、心臓のツボを簡単に押せるわけではありませんよ。しかし一事が万事で、こういった間柄になっていないと心臓のツボを押すことは到底できないでしょう。

　さて、きみたちはご存知でしょうか。相手の好みを覚えて、次に活かすというのは、実は世界でも有数のラグジュアリーホテル「ザ・リッツ・カールトン」がやっていることでもあります。

　世界最高レベルのホスピタリティを提供しているリッツ・カールトン。その徹底ぶりは凄まじく、例えば「スタッフはお客さんのためであれば誰でも最大2000ドルまで上司の許可なく使ってかまわない」という方針を打ち出すほどです。

ひなた えっ、上司の許可なく経費を使う権限があるってことですか!?

こっさん先生 そうなんです。伝説になっているエピソードが部屋に置き忘れたノートパソコンを届けるために、ハウスキーパーがアトランタからハワイまで飛んだというもの。どうしても仕事でパソコンが必要なゲストのために、ハワイまでわざわざ持って行ったのだそう。

ゆい わ──！　なんてすごい常識を超える行動！

こっさん先生 リッツ・カールトンには「WOW（感動）ストーリー」といって、感動を提供したスタッフが他のスタッフの前でそのストーリーを報告する取り組みがあるそうです。

　そんなリッツ・カールトンですから、スタッフは利用客の些細な一言、それこそさり気なくドアにいるスタッフに言った一言でもデータベース化しています。データとして共有されているので、他の都市のリッツ・カールトンへ行っても感動体験を提供してもらうことができます。

　と、いっても利用客の好みを覚えているだけがリッツ・カールトンの魅力ではありませんよ。そういった小さなことの積み重ねが最高級のおもてなしになっている側面もあります。

　あなたもリッツ・カールトンのスタッフのように日常生活の中でふとしたことを覚えておくことは、相手へ感動を届けることの第一歩になるでしょう。もちろん全員のことは覚えていられません。しかし「この人は！」と気になる人のことなら1つや2つは覚えているものですよね。難しいことはなくて、よく飲みに行く上司が2杯目には決まってハイボールを飲んでいるのなら、「部長、次はハイボールにしますか？」と聞くことは普通にやっていると思います。そういった気配りや目配りをする範囲を徐々に広めてみましょう。

ひなた・ゆい はいっ！

☀ 「気持ちよさ」の正体

こっさん先生　リッツ・カールトンのホスピタリティのように、人が「気持ちいい」「心地いい」と感じる時があります。一体、『何が』そうさせているんでしょうか。その気持ちよさの正体にこそ、心臓のツボを押す秘訣が詰まっています。

ひなた　おー、ついに話すツボのトップシークレットですね。

こっさん先生　あはは、そうですね。結論から言いましょうか。人が気持ちいいと感じるのは、「自分でもできることを他人にやってもらう」ことです。

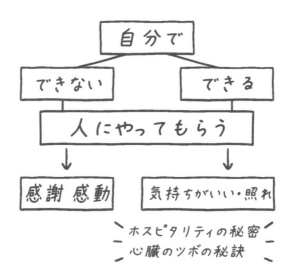

ひなた　なんとっ。そんなシンプルなことなんですか!?

こっさん先生　シャンプーは誰でも毎日やっていますね。けれども美容室でシャンプーしてもらうと気持ちいい。もちろん美容師たちはその道のプロですから気持ちよくなる洗い方を知っ

ていますが、それを抜きにしても人にやってもらうことで心地よさを感じることができます。

　あるいは耳かきだってそうでしょう。料理も自分のために作って食べるより、人に作ってもらったほうが嬉しい。ちょっといいレストランに行くと、上着を脱がしてくれたり、椅子を引いたりしてくれます。そういった体験をすると、ちょっと照れくさいけど、いい心地にならないでしょうか。

ゆい　わかります。経験あります〜。

こっさん先生　反対に「**自分ができないこと**」**をやってもらった時には感謝や感動はあっても気持ちよさや照れくささはあまり感じません**。水漏れなどの水道の修理をしてもらった時に安心感はあっても気持ちよさはないですよね。それは自分ではできないし、作業や仕事をやってもらっている気がするからです。

ひなた　ほんとだ！　自分ができないことをやってもらった時のほうが、気持ちよくなれそうに思ったけど違うんだな。

こっさん先生　意外でしょうか。つまり、「**面倒くさい**」「**本当は誰かやってくれるといいんだけど**」**と思うことを、他人にやってもらえると人は気持ちよくなる**。

　さらに、こちらからお願いする前にやってくれていたり、事前に準備されていたりすると、もっと気持ちよくなるものです。リッツ・カールトンのおもてなしは常に何歩も先を進んでいます。それもまた**世界一のホスピタリティを実現できているひとつの理由**でしょう。

　おもしろいのが、「人にやってもらうこと」によって得られる気持ちよさは、ロボットでは代用しきれないということです。例えば、マッサージチェアを考えてみましょう。30万円も出せば一級品が手に入り、たしかにコリはほぐれて楽になるでし

ょう。体は気持ちよくなっているかもしれません。しかし「心の気持ちよさ」は人には勝てません。それならば40分1980円の激安マッサージのほうがまだ「心の気持ちよさ」を感じることができます。**AI化やロボット化が叫ばれる昨今ですが、いくら高機能になっても気持ちの部分では人間が行うリアルなコミュニケーションやおもてなしに軍配が上がる**んです。

ゆい　世の中や求められる働き方が変わっても、**コミュニケーションによって『人』である意味が高められる**のですね。

こっさん先生　高級ホテルに泊まると、滞在している間は王様ほどではないにしても、最高級のホスピタリティが続きますから、それは心地いいに決まっています。ベッドメイキングも全部やってくれますし、タオルやペットボトルなどを散らかしていてもきれいに掃除してくれます。タオルやアメニティなどもちゃんと準備してくれます。

　一流のサービスを知るには、一流のサービスに触れることが一番です。一流に触れてみて初めてわかることがある。一流のホスピタリティに触れていると、「あ、こういうタイミングでこうすると、人は心地いいんだな」と気づきやすくなります。

　そして一流のサービスを自分で実践するには、一流のサービスに直に触れてみることが欠かせません。自分で身をもって感じていると、実生活にも活きてきます。これはいくら人から話を聞いても限界があるからです。実感してみないとホスピタリティの真髄まではわかりません。その意味では、実際にホテルに泊まってみることは有効でしょう。

ひなた　こっさん先生は**非日常を日常に取り入れているから『共感』の達人**なんだ…。

こっさん先生　一流のおもてなしやサービスを受ける経験をし

ていると、安い居酒屋に行った時も「ああ、あの店員さん忙しいのにカトラリーをきちんとセットしてくれている」「あ、ジャケットにニオイがつかないように工夫してくれている」と、ちょっとした変化に気づきやすくなります。いつも通りに過ごしていたら見逃すような変化に敏感になるのです。この辺は「ありがとう運動」に通じる部分があるでしょう。普段の生活で行っているありがとう運動もいいのですが、リッツ・カールトンのような5つ星ホテルのホスピタリティを受けていると、その後に見えてくる景色の次元が違ってくるでしょう。ありがとう運動で見えていたものが二次元だとすれば、そこからさらに進んで三次元が見えるような感覚です。

だから5つ星ホテルに週1で泊まる

こっさん先生 以上の理由で僕は日常的に一流ホテルに宿泊しています。立地的な利便性と、サービスが好みであることから某5つ星ホテルをよく利用し、週に1回は泊まるようにしています。毎週出張があるわけでもないですし、毎週旅行に行くわけでもありません。つまり本来は泊まる必要がない場合でも週1で宿泊しています。

　僕が「週に一度」と決めている理由。それは、人間はどうしても低きに流れる生き物だからです。楽なほう楽なほうに流れてしまうのが人間です。放っておけば、めんどくさがります。

　いくら感動体験をしても、時間とともにその感動と記憶は薄れてしまう。気持ちを引き締め直すため、そして受けたサービスを忘れないようにするためにもちょっと背伸びしてホテルに泊まっているのです。

ひなた　ひょえ～、こっさん先生はそこまでストイックに意識して一流に触れにいかれていたんですね！　驚きました。

こっさん先生　「自己投資するなら何がいいですか？」とよく聞かれるのですが、僕が絶対におすすめしていることです。ホテルに泊まるのは、金銭的な余裕があればすぐにでもできてしまうことです。

　いわゆる「5つ星」と言われているホテルであれば、超一流のおもてなしを受けることはどこでも十分に可能です。

ゆい　先生～、とてもじゃないですが、高級ホテルに月に4回泊まるのは、当たり前に誰もができるわけではありませんよ～。

こっさん先生　いいんですよ。ならばちょっと頑張って月に1回でも泊まってみる。月1ペースでも泊まっていると、最高級のホスピタリティに定期的に触れることができますからね。またスタッフの方は絶対にあなたのことを覚えてくれるでしょう。なにせ相手もホスピタリティのプロですから。もちろん初めて泊まったホテルでも一級品のおもてなしを受けることができま

すが、顔なじみになると、また一味違ったホスピタリティを受けることができるんです。

☀ 一流のおもてなしは、仕事にも活きてくる

ひなた　5つ星ホテルに泊まろうと思ったきっかけは何だったんですか？

こっさん先生　僕の場合「仕事って何だろう？」と考えたことでした。

　どんな仕事でも最終的に行き着くところは、絶対に『**接客業**』になります。僕はITの仕事をしていますが、ITでもメーカーでも全部同じです。B to Bだって接客業といえるでしょう。なぜならばクライアントや発注主というお客さんがいるからです。農家さんだって、野菜を卸している市場のスタッフや直販しているならお客さんがいます。リアルかモニター越しかは問わず、どんな業種でも生身の人間を相手にしているわけです。

　ということは、**どんな仕事をするにせよ「ホンマモン」を知らなければ最高の接客はできない**と思いました。そこで自分が最高級のサービスやおもてなしを学びに行くというつもりで5つ星ホテルに泊まってみることにしたんです。

　思っていた通り、5つ星ホテルは超一流のおもてなしを僕に提供してくれました。いや、正確に言えば思っていた以上のレベルでした。

　以前ひなた君と一緒に行ったレストランも同じですが、僕がトイレに行こうとして一瞬キョロっとしたらスタッフがすかさず「何かお探しですか？」と声をかけてくれます。俗に言う「目が行き届いている」とはこういうことを指すのでしょう。

あるいはルームサービスで朝食を頼んだ時にチョイスしてくれるパンの種類が、何も伝えていないのにちょうど僕好みなんです。それもそのはず、僕が普段ブッフェスタイルで選んでいるパンを覚えておいて持ってきてくれるからです。ルームサービスの朝食は基本的にバゲットなど種類が決まっていますが、僕がいつも食べているパンを1つ多めに持ってきてくれるんです。「ようわかってんな～」といつも感心してしまいます。

　すごいのは、これだけではありません。僕がドリンクを頼む時に「何がいいか」を聞いてくれるのです。

ひなた　え？　それの何がすごいんですか？　むしろ、パンのように、いつも頼むアイスオーレを持ってきてくれたほうが気が利くように思えますが。

こっさん先生　いやいや、これもれっきとした「おもてなし」です。飲みたいドリンクは、その日の気分によって変わることがよくあります。いつもブラックコーヒーを飲んでいる人でも気温や気分、体調によってホットかアイスか、飲みたいものは変わります。スタッフたちは僕がいつも何を飲んでいるのか知りつつも「おはようございます。ドリンクはどうしましょう？アイスオーレでいいですか？」と聞いてくれるのです。

　何でもかんでも「いつもの」を持ってくればいいわけではありません。本当はホットを飲みたくてもせっかく持ってきてくれたら、変えてもらいづらい。**相手に気をつかわせないその塩梅がちょうどいい**のです。

ゆい　「相手に気をつかわせないちょうどの塩梅」…メモメモ…。

こっさん先生　僕が強烈に覚えている感動体験は、スタッフのみんながかけてくれる言葉です。週1ペースで泊まっていたら、1人の女性スタッフから「おかえりなさい」と言われました。

　ちょっとビックリしたのですが、言われてみればたしかに僕にとってそのホテルは2つ目の家のような感覚もあるんです。なんだか嬉しく感じました。そのことを伝えたところ、他のスタッフからも「おかえりなさい」と言ってもらえるようになりました。その女性スタッフが感動体験としてみんなと共有しているのでしょう。

　「月に〇回以上宿泊されるゲストには『おかえりなさい』と言うようにしましょう」などと、マニュアルには載っていないはずです。スタッフ1人ひとりが最高のおもてなしを提供しようとして、このような行動が生まれているのです。

ひなた　「マニュアルにはない最高のおもてなし」か…ビジネスライクな接し方ではなく、血が通う…温かみあるコミュニケーションがハートをつかむ…。

☀ パワースポットとしての一流ホテル

ゆい　一流ホテルに通って最高品質のサービスを受けるようになってから、仕事や実生活に活かせた機会がありましたか?

こっさん先生　たくさんありましたよ。このメソッドでお伝えしている話すツボもまさにそうです。

　コミュニケーションの質が上がったことに加え、もうひとつ変わったことがありました。誤解を恐れずに言うと「変な人」があまり寄らなくなったのです。

ひなた　「変な人が寄らなくなった」ってどういうことですか?

こっさん先生　5つ星ホテルに泊まるようになってから、

「こさささんってマクドナルドとか行かなさそうですね」

「ぶっちゃけ、吉野家とかもう行かないでしょ?」

163

と言われることが増えました。なんなら、いつもフレンチの
フルコースや料亭でご飯を食べてそうと思われているようです。
　実際はそんなことなくて、めちゃめちゃファストフードのお
店に行っています。こうやって、いい意味で勘違いしてもらえ
ているのは、「雰囲気」が影響しているのでしょう。
　僕自身は特に意識していませんが、近寄りがたいオーラがあ
るようです。いわゆる「成金」で偉そうにしていたり、オラつ
いているという近寄りがたさではなく、育ちのいい御曹司とで
もいいましょうか（別に御曹司ではないのですが……）。
　そんな雰囲気を感じてもらっているからか、
「いや〜**こささ**さんと話してみて、印象が全然違いました。し
ょうもない質問をしたらダメそうな気がしていたんですけど、
めっちゃフレンドリーっすね」と言ってくれたりします。
　これはつまり自然とフィルターをかけているようなものだと
思います。
　自分で言うのもアレですが、**一流ホテルに毎週行く度に少し
ずつそういった空気感が熟成**されていった気がします。
　そして、この「雰囲気」は**変な人を寄せつけないだけでなく、
一流の人を引き寄せる効果**があるように感じています。あるパ
ーティーに参加した際、美容家として著名な佐伯チズさんが声
をかけてくださいました。共通の知人がいたという理由もある
とはいえ、雰囲気が一役買ってくれていたことは間違いないで
しょう。
　と、実際に高級ホテルに泊まるようになって思った以上の変
化があることに自分でも驚いている一方で、実は「**自分の脳み
そを騙す**ために泊まろう」という思いもありました。
ひなた　面白い発想ですね。

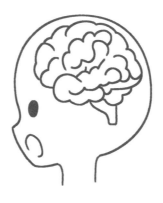

こっさん先生　つまり「高級ホテルにいても不自然ではないように振る舞えるようにしよう」という狙いがあったのです。

　結果的にこれが功を奏したのでしょう。一流と言われる人と接することができるようになったのは、自分の脳もいい意味でだますことができたのではないかと思っています。

　このように高級ホテルは自分を一流だという空気感にしてくれること、そしてエネルギーをもらえるような気がします。その空間にいて嫌な気持ちになることはありませんし、背筋が伸びて気も引き締まる。なんだか由緒ある神社仏閣にいるような雰囲気もあるのです。非日常的で気分は高揚し、また頑張ろうと思える。そんな**パワースポットとしての効果**もあるのだと思います。

☀ 5つ星ホテルが難しいなら 1人1万円以上のディナーに

ゆい　先ほど月に1回頑張って宿泊したらとおっしゃられていましたが、やっぱり、そう簡単に5つ星ホテルに泊まれそうに

はないんですが。

ひなた　うちもなかなか難しいです〜。

こっさん先生　その場合、**一流のレストランに行く**という手があ
りますよ。

　高級といっても１人１万円を超えるお店であれば、ホスピタ
リティはしっかりしているはずです。いいレストランのホスピ
タリティは、本当にレベルが違います。一口二口、水を飲ん
だだけでも頃合いを見て注ぎ足してくれます。**心づかいの仕方が
根本から違います。**

　普段生活しているだけでは体験することのないおもてなしを
受けることができるでしょう。ホテルに比べれば、月に１回な
らなんとかなりやすい。それでも難しいならパートナーの誕生
日などの記念日に年１〜２回行って、ホスピタリティを思いっ
きり体感してみてください。

ひなた　それくらいなら行けそうです。

ゆい　わたしも！

こっさん先生　余談ですが、ウチの忘年会は一流のレストラン
で行っています。大勢で行くと料理が大皿で提供されることも
多いですが、１人ひとりにきちんと配膳をしてくれるお店をチ
ョイスします。もちろん会費制ではなく、全額会社持ちです。
この狙いは、年に１回でもなかなか行けないような店で一流の
ホスピタリティを体感してもらいたいからです。だからこそ忘
年会で一年の苦労をねぎらい合いながらも、「**プロのサービス
をきちんと見てね**」というメッセージもこめているのです。

　もっとリーズナブルに一流のサービスを体感したいなら、一
流のレストランのランチがおすすめです。5000円くらいから
コースがありますし、お酒を飲まなければ、かなりリーズナブ

ルに抑えることができます。昼夜でスタッフの対応に大差があ
るなんてことは考えられません。

　それこそ高級ホテルに入っているようなレストランに行けば、
一流の雰囲気を感じ取れるのはもちろんのこと、ロビーなどに
いるスタッフのおもてなしを垣間見れるかもしれません。

ゆい　ランチでもいつもより贅沢だけど。まずはランチからチ
ャレンジしてみよっと！

［ ホテルの素晴らしいティーアップ ］

こっさん先生　僕が週に一度ホテルに泊まっている話をしまし
たが、とても良いことがあります。

　それは全国のさまざまなホテルに僕を名前で呼んでくださる
ホテルスタッフがいらっしゃるということです。

ひなた　どうしてなんですか？

こっさん先生　それはホテル業界ではご自身のキャリアアップ
のために、有名ホテルに転職するということが日常的にあるか
らです。僕が週に一度行くホテルは決まっています。しかし、
そのホテルのスタッフも数年で転職される人が多いのです。こ
れは寂しいことでもありますが、ありがたいことでもあります。

　以前こんなことがありました。

　僕が大変お世話になった社長さんと急にお昼ご飯に行くこと
になったのです。そこで有名ホテルの中華料理店に行きました。
そのお店にした理由は2つあります。そのホテルがお世話になっ
た社長の会社から近かったこと。その中華料理店の支配人が
僕の同級生だったこと。そして中華料理店で僕の同級生と話を
していると、僕がいつも行っているホテルから転職をした人が、
そのホテルのイタリアンレストランの支配人をされているとい

うことがわかったのです。

　同級生である中華料理店の支配人が気を利かせて20フロア
以上離れたイタリアンレストランに連絡をしてくれていたよう
で、お昼ご飯で忙しい時間にもかかわらずイタリアンレストラ
ンの支配人がわざわざ挨拶に来てくださったのです。

　しかも、そのタイミングが敢えて**社長と会食中に**でした。
「お食事中に大変失礼とは存じますが、少しだけご挨拶させて
いただきたいのです」「ご無沙汰しております。以前のホテル
では大変お世話になりました」「本日は当ホテルをご利用くだ
さいましてありがとうございます」
「お元気でいらっしゃいましたでしょうか?」

　そして僕がお世話になった社長にも深々と頭を下げ、名刺を
渡し、
「お食事中と知りつつ大変失礼をいたしました。」
「以前のホテルで**こささ**さんには大変お世話になりましたので、
どうしてもご挨拶だけしたかったものですから」

　という具合でした。

　これには僕も脱帽でした。お世話になった社長の前で、もの
すごい持ち上げ方です。**嫌味なく、すっとスマートに僕を持ち
上げてくださった**のです。お昼時の一番忙しい時間帯にわざわ
ざ20フロア以上も離れたところから来てくださる。実際にお
世話になった社長から、
「**こささ**さんはどこでも慕われてらっしゃるのですね。この時
間にわざわざ挨拶に来られるなんて、すごいことです」

　と言われたのです。

ゆい　ふぁ〜。鮮やかでため息しか出ませんね。
ひなた　超VIP待遇だ〜。

168

その人になりきって
コミュニケーションをする

コミュニケーションって一体何だ？

ひなた　突然ですが、「究極のコミュニケーション」とは一体何なのでしょうか。

こっさん先生　「コミュニケーション」を辞書で引くと「気持ち・意見などを言葉などを通じて相手に伝えること」と出てきますね。これではわかったような、わからないような気になってしまいますよね。

　僕の中で**究極のコミュニケーションとは、自分の感情や頭の中で思っていることが、そっくりそのまま相手に100％コピーされた状態**です。

　仮に自分が感動した出来事を友達に伝えたいとします。しかし、なかなか相手に上手く伝わらなくて、もどかしい気持ちになったことがある人は多いのではないでしょうか。そのような状況では、相手にはあなたの感動が50％も伝えられていない状況かもしれません。

「僕がこれだけ嬉しいんだ」そんな自分の感情も含めて相手に伝えたいと思うものです。そして相手に同じ感情を持ってもらう。心まで揺り動かす。それができた時に、相手の記憶に残るコミュニケーションが取れたことになります。

ゆい　でも先生、そもそも相手に自分の気持ちを100％コピーすることは至難の業じゃないですか。

こっさん先生　それでも100％に近づけていくことは可能でしょう。例えば相手が過去に経験したであろうことを比較対象として示すことはできます。つまりイコールにはできないけれど

も、ニアリーイコールにはできると思うんです。

　例をあげればラーメン好きの人が人生で一番美味しい一杯に出会った時の喜び。あるいは、何年も探し求めていた日本酒に出会って「何これ？　めっちゃウマいやん！」となった瞬間の感情は覚えていますし、どれくらい嬉しかったのか知るための物差しにはなり得ます。そこで「**その日本酒と巡り合ったくらいの喜びなんですよ！　僕からすると！**」などと言えば、**相手の感情を引っ張り出して揺り動かす**ことができます。

ゆい　わっ♪　ぐぐっと伝わる表現ですねー！

こっさん先生　ラブラブな若いカップルが「どっちが相手のことを愛しているか」をめぐって喧嘩することがあります。「絶対俺のほうが好き」「いやいや、私のほうが大好きだから」と。あるいは親がどれだけ子どものことを大事に思っているか伝える時。あの手この手を使って一生懸命たとえを出してなんとか伝えようとする。そして相手の思っていることや想いが本当に伝わった時「うわ、そこまで思ってもらえているんだ」と感じて、安堵や幸せを感じるのです。

　そういうふうに**相手に自分の思いをコピーしていく。100％そっくりそのままは難しいけど、ニアリーイコールで相手にコピーしていく。その感覚というのが究極のコミュニケーション**

だと思っています。

ひなた　以心伝心や阿吽の呼吸…そういうことだな…。

横山さんとのエピソード

こっさん先生　心臓のツボを押すような相手は、間違いなく「特別な存在」です。ものすごく尊敬していたり、大好きな人でしょう。それほどの人を相手にするわけですから「あの人なら、きっとこうするだろうな」と予想して、僕から先んじて行動に移すことがあります。

　実際にこんなことがありました。

　大先輩の経営者に横山信治さんという方がいらっしゃいます。結論から言えば、横山さんの代わりに僕がイベントにお祝いのお花を出したことがありました。

　そもそものきっかけは、仕事の関係で僕が横山さんに依頼した講演会です。そして、その講演会ではIさんという方が司会をしてくださいました。

　Iさんはここで知り合った横山さんを、知り合いのAさんに紹介したらしいんです。そして今度はAさんが主催する講演会に横山さんが出演することになりました。

ひなた　先生ちょっと、ここでいったん話を整理させてもらっていいですか。まず、新しく決まった講演にはこっさん先生は関わっていなくて、Iさんは横山さんをAさんに紹介しただけということで合ってますか?

こっさん先生　そうです。ここでは「Iさんの紹介で横山さんが別の講演会に出演した」という事実を押さえておいてください。ちなみに、この時横山さんから僕にこのような電話がありました。「以前**こささ**さんに依頼された講演会で、司会をされ

171

ていたｌさんの紹介で新しい講演の出演が決まった」「**こさ**
ささんのおかげやわ。ありがとう。ｌさんに感謝してます。会う
ことがあったらお礼言っといてね」

ゆい　そうですね、ｌさんがＡさんを紹介してくれたわけです
もんね。

こっさん先生　続けましょう。それから数か月後のこと。今度
はｌさん自身がイベントを開催することになりました。講演会
でお世話になったこともあるので、僕はｌさんにお花を贈りま
した。その時、ふと思ったんです。

「ｌさんのイベントが開催されることを、もし横山さんが知っ
たらどうするだろう？」

　もしイベントのことを耳にされたら、横山さんは間違いなく
お花を贈るでしょう。ｌさんの紹介で講演をされていますし、
そういったお礼に関してものすごく気が利く人でもありますか
ら。そう考え、勝手ながら僕が花屋さんに発注し、横山さんの
名前でもお花を贈りました。

ゆい　断りなく横山さんの名前でですか？

こっさん先生　はい、そうです。するとイベント後、ｌさんか
ら「横山さんにお礼を言いたいから連絡先を教えてほしい」と
連絡がありました。

ひなた　なるほど、司会のｌさんはこっさん先生の講演会の場
で横山さんと知り合っていたけど、横山さんと直接つながって
はいなかったということですね。

こっさん先生　そうなんです。講演の依頼はＡさんから会社宛
てにされていたようで、ｌさんは横山さんの連絡先を知らなか
ったのです。だからｌさんは僕のところへ連絡してきた。

　そして僕はこのタイミングで初めて横山さんに「勝手してす

みません、こんなことしてました」と弁明しました。僕の行動は気を利かせた……というより、人によっては「暴走」と思われても仕方ないのかもしれません。

　しかし僕の弁明を聞いた横山さんにものすごく喜んでもらえました。「あんたは何者や！」とまで言っていただきましたし、僕を他の人に紹介する時にはこのエピソードを紹介してくださっているそうです。

ゆい　なかなか思い切った判断のように思えますが…。

こっさん先生　そうですよね。見方によっては暴走かもしれませんが、この行動は僕としては「**普通に考えたらやるよね**」という程度の内容なんです。なぜなら横山さんになりきって考えたら当然だから。**僕は「代理で」行動しただけの話**なのです。

ひなた　深い…。

こっさん先生　ここで、このテーマの冒頭部分に話を戻しましょう。僕の行動もまた、究極のコミュニケーションのひとつなんです。今回の場合、横山さんはあとからイベントのことを知ることになったのですが、もしイベント前に知っていたら当然お花は贈っていたでしょう。そう考えると、**横山さんの気持ちをあらかじめコピー**したことになります。

　コミュニケーションとは、何も目の前にいる相手やディスプレイ越しの相手とテキストのやり取りをするだけではありません。僕が「横山さんだったらこうするだろうな」と思って行動したように、「あの人がいいように思われたい」と思って**相手になりきったつもりで行動すること。それもまた立派なコミュニケーション**なのです。

　そして、こういった究極のコミュニケーションは、心臓のツボを押すことにもなるのです。

173

ゆい 奇想天外とも言える行動！ 押す相手との距離感も見定めないといけないような気がします。これまでの1〜6のステップを踏んで土台が築かれているからこそできる最後の一手のようなツボ押しですね！

一緒に怒る

ひなた 7つ目のツボは究極のコミュニケーションであることは理解できました。

　ハートをつかみにいくからには普通を超えたコミュニケーションの方法がまだまだありそうですね。先生は他にも技をお持ちなんでしょ！

こっさん先生 よくおわかりですね。こんな会話をすることもあります。

　先ほどは「その人になりきった行動」の例をお伝えしましたが、もし心臓のツボを押したい人が失礼なことを言われていたら、こんなセリフとともに一緒に怒ることがあります。

「この間のことですけど、僕もめっちゃ腹立ちましたもん」

ゆい なだめる、なぐさめるではなく、相手と一緒に怒る？

174

こっさん先生　実際にあったのは、

「いや、僕のほうがムカツきましたから。○○さん、あの場面でよく普通にいれましたよね」

「横で聞いてて、めっちゃ腹立ちましたよ。ムカツいて仕方なかったんですよ」

「どう考えたって○○さんのせいじゃない。それなのに、まわりの連中は何食わぬ顔してるじゃないですか。もうねイラッとくるんですよね」

　こうやって一緒になって怒ってくれたら、その人はどう思うでしょうか。

ひなた　絶対、悪い気はしませんし、「お前どんだけわかってくれてんねん」と、きっと感心してくれるでしょうね。

こっさん先生　そうなんですよ。ただし、ここは**テクニックに走ってはいけません**。「一緒に怒れば心臓のツボを押すことができる」という魂胆でアクションを起こすと、**いやらしさが出てしまいます**。こうやって一緒に怒っているのは、その人と**同調しているから**です。別に自分がムカツくことを言われたわけではないけど、**究極のコミュニケーションができているので、こうやって完全に同化**するのです。

ゆい　わかります。これをただ単に手法と捉えてしまうとおかしなことになりそうですが、大好きな友達や大切な家族が不遇な目にあった時を想像したら、一緒に怒りの気持ちがわいてきますもんね。

「偉い人」ほど心臓のツボに強く響く

こっさん先生　きみたちは、仕事で成果を出すために、コミュ

175

ニケーション力を高めたいと頑張っていると思いますが、実は**ビジネスで成功されている人ほど心臓のツボが効く**んですよ。

ひなた　それは意外です！　イメージ的にはビジネスで成功していたり、上の立場の人ほど**ほめ言葉や気分のよくなる言葉を言われ慣れている**ものだと思うんですが。なので当然、ツボの効き目も弱くなりそうですが、そんなことはないんですか？

こっさん先生　予想外かもわかりませんが、それが大丈夫なんです。いや、むしろ効きすぎることもあるくらいなんですよ。

　ビジネスで成功するというのは、並大抵のことではありません。時に理不尽な出来事も起こります。それでも自分を曲げずにここまで来た人や長年肩肘張って生き残ってきた人が多い。つまりシンドい経験をたくさんくぐり抜けているんです。それは経済誌でインタビューされるような社長だけではありませんし、いわゆる中間管理職でもそうです。

　ビジネスという戦場で長年戦ってくると、犠牲にしてきたものもたくさんあります。ハートに１つや２つ傷があるもんです。そういった境遇の人に「やっぱり大変でしたよね……」という言葉は癒やしになってズシリと響くのです。

「まわりは〇〇さんのことを自由奔放にやってるかのように言いますけど、こうやってご一緒する機会が多いと、わかるんですよ。勝手なことを言うやつ、本当にむかつきますよね」

　こんなセリフを言うと、黙って少し涙ぐむ経営者もいます。

ゆい　『**上に立つ人ほど孤独である**』と言われますもんね。

ひなた　表立っては言えないことを近しい人が理解してくれたり、そっと寄り添ってくれたら偉い人もグッときちゃうんですね。

☼ 敏腕な人にも効く

こっさん先生　先ほど「偉い人にも心臓のツボは効く」とお伝えしましたが、いわゆる「**敏腕**」な人にも**効果的**なんです。

　これは実際にあった話です。知り合いから「ホームページの更新作業について悩んでいる人がいる」と、ある社長を紹介してもらいました。

　その方は会社を立ち上げ、一代で20を超えるフランチャイズをまとめ上げるほど敏腕な方。…いや、豪腕と言ったほうが正しいくらい、常にファイティングポーズを取っているような方でした。初めて顔を合わせた時「あなたは一体誰なの？何？」と言わんばかりの、ちょっと戦闘モードみたいな雰囲気でしたが、僕はいつもと変わらず話すツボを順番に押していくことになります。

　一代でビジネスを大成功させているような経営者の方ですから、お世辞抜きにエピソードは聞きごたえのあるものばかりでした。名言も連発で、僕も自然と「へ〜！　そうなんですか！」というリアクションが出ていました。もうずっと「事業を大きくしてきた手腕」に感動しっぱなしでした。そうやって**率直に感じたことをリアクションとして返す**ことで1〜4のツボを自然に押していたんです。

　そんなトークの中で、僕はふとこんなことを言っていました。「話を聞いていると、ここまで会社を大きくされていて、ものすごく自分のことを律してらっしゃるなと思いました。なんというか、『自分というもの』をしっかり持っていて、すごいなと思うんです」

　先に断っておくと、これは狙って言ったセリフではありませ

序章

第1章

第2章

第3章

第4章

第5章

最終章

んよ。本当に美味しいものを食べた時に「美味しい」と感動して言うように、自然に発していました。

　結果的にこのセリフがお尻のツボを押すことになったんです。

ひなた　自分の手腕で大きな会社を築きあげてきたような人は「自分を持っている」のが当たり前ではないでしょうか。

こっさん先生　そうですね。しかし、それが本当であっても、こんなセリフを本人を目の前にして言える人はなかなかいません。だからこそ僕がこう言った瞬間に 「あなたは一体誰なの？ 何？」という雰囲気になりました。

　もちろん、お目にかかった当初の警戒モードの「あなたは一体誰なの？　何？」とは中身が違います。

ゆい　ここで**お尻のツボを押したことで『照れ』が入った**ということですね！

こっさん先生　その通り。その後は、手がけているビジネスに関連して、その方の背景や歴史に関してトークをしていきました。今ビジネスでやっていることは小さい時から好きだったのかなど、いわゆる背中のツボを押すトークです。

　何度も言いますが、ビジネスの世界で成功するのは並大抵のことではありません。ここまで全力で戦ってこられたわけです。そこで、

「ここまで並大抵のことじゃなかったですよね」

「ものすごい思いされてきたん違います？」

　そのように聞いていきました。すでにたくさんのツボを押しているので、これまでの歴史をたくさん話してもらうことができました。かなり踏み込んだプライベートな話題まで、です。

　最初にも伝えましたが、僕は「あ、今へそのツボにきれいに入ったな。よし、次は……」というように意識してツボを押し

ていません。**あくまで自然にトークをしていると、相手が心を開いてくれる**ことが多いんです。それを7つのツボに分けたのが、このメソッドを通して伝えていることです。

　同様に、この経営者の方とのトークでも、僕は自然体でいました。ですがあえてツボを分けるのであれば、この時点で6つ目の背中のツボがしっかり押せている状況になります。そして僕は**自然体のままさらに踏み込んだ内容のトークをしていく**わけで、それは7つ目の心臓のツボを押していくことになります。

ゆい　先生は、この方の話の中でどういったことを感じながらお話しされていたんですか？

こっさん先生　そうですね…話をしていると、その方はずっと全速力でビジネスの世界を駆け抜けてこられたのだと感じました。しかし、**いくら鉄人のような方でも人の子**なんです。時には寂しくなったり、必死に走ってきたものの振り返ってみると自分の理想とは遠く離れていたり……。**経済的に成功しているからと言って100％満足行く状況なんてありません。**そこで、

「本当は何かに寄りかかりたいこと、ありませんか？」

「本当は辛かったことも多いですよね」

「なんか、そういう時って、やっぱり恥ずかしがらずに甘えたほうがいいっすよ」

「いや、なかなかできないのはわかるんですけど、でも、このままだったら何年後かに、『ああ、シンドいわ』となるんじゃないですか?」

「僕から見てて、今が一番格好いいんですよ。それを維持してほしいですもん」

「そういえば、自分の時間をちゃんと作っています? 遊びに行きましょうよ。僕、付き合いますから」

「あ、別に僕がジャマならいいんですよ! でも○○さんの予約だけは勝手に取っておきますからね。いつ空いてるかだけ教えてくださいよ!」

「え? 別にいいって? いやいや、もう無理矢理にでも空けるんですって。ね、そうしましょうよ!」

　というふうに**相手が本音を出しやすい、楽な気持ちになりやすい言葉がけ**をしていきます。

　こういった本音について触れていくトークは、結果的に心臓のツボをグリグリと押すことになりました。

ゆい　心臓のツボを押すトークに入る前に、その方のビジネスをやっている思いや背景、性格なども把握している。そうすると、背中をそっと押してあげやすいというわけですね…。

こっさん先生　そうですね。「面倒くさいことは全部他の人に任せて、自分がやりたいことだけやりましょうよ」

「ほら、今の笑顔! それそれそれ。その状態のままでいられることだけやっていったらいいと思いますよ!」

　というふうに声をかけると相手は「やってみても大丈夫かな」

と動きやすくなります。

　ここまでの、特に心臓のツボを押すトークについて「そんなこと言えない」と思う人もいるでしょう。しかし、この時の僕は心の底から相手のことをかっこいいと思っていました。その人のことが好きで、その人からいろんなことが学べると思っていた。だからこそ、ちょっとクサイ、あるいはクドいとも思えるようなトークでも相手に伝えることができたのです。

　敏腕と言われるような人や鉄人とまわりからビビられているような人でも、寂しいという感情があったり、一息つきたいと思うことはあるでしょう。むしろ、ここまで全力で戦ってきた分、疲れは蓄積しています。すると、**偉い人や敏腕、やり手と言われている人ほど、癒やしがほしい**ものです。

　さて、その方とのトークが終わる頃には完全に心を開いてもらっていました。「あなたは一体誰なの？　何？」と言わんばかりの表情になっています。その時、初めて会った時のような人を見定めするような視線は一切ありません。むしろ少し涙ぐんでいるくらいでした。

　今回の場合は、出会ってから２時間で心臓のツボを押す結果になりました。

ひなた　２時間ですか!?　そんな短時間でそこまで押せるようにならないといけないのか。

こっさん先生　いえいえ、これはかなりスムーズに進んだ例ですので、きみたちは焦る必要はありませんよ。慣れていないうちはじっくり時間をかけて行うべきです。

　いずれにしても言えることは、**どんな相手でも心臓のツボを押すことができるということ。そして鉄人と思われているような人でも、思わず泣かせるくらいのコミュニケーションを取る**

ことは十分に可能なのです。

☀ プレゼントというコミュニケーション

ひなた　ふと思ったんですが、「**言葉」以外でツボを押す効果的な方法**ってあるんですか？

こっさん先生　ひなた君、いいところに気がつきましたね。ありますよ。

　例えば、**プレゼントを送ることもコミュニケーションの一環**です。

　手前味噌ですが、「プレゼントも上手」とほめてもらうことが多くあります。仕事関係の方に餞別を送る時、僕みたいに社長をしていると、お金だけ渡してチョイスは部下に任せることが多いはずです。

　頼まれた方も、あまり考えずにプレゼントを渡してしまいがちです。基本的には名刺入れやボールペン、ネクタイという定番中の定番に収まってしまうでしょう。特に相手が異動によって自分たちとは直接関係なくなってしまう場合は、「まあこんなものでいいか」という隙が生まれやすくなる。

　しかし、こんなに失礼なことはないよね。いずれ戻って来るかもしれないし、違う部署であったとしても間接的にかかわる可能性もある。いや、それ以前に世話になったお礼としての餞別です。いい加減に贈っていいものではありません。

ひなた　そうはいってもなかなかプレゼントって難しいんですよね～。PC検索して「餞別　男性　40代　おすすめ」で出てきたようなプレゼントを贈ってしまうことが多いです。

こっさん先生　残念ながら、そんな選び方では記憶にも印象に

も残りませんね。同じ1万5000円の予算でも記憶に残ってその後も愛用されるものと、その場だけ喜んでもらえてクローゼットで眠るものとでは、明暗は大きく分かれてしまいます。そもそも記憶に残らないものを送っても、ただの無駄遣いになってしまいます。

ゆい　そんなの悲しいですし、せっかく贈るのであれば、相手に喜んでもらいたいです。

こっさん先生　そうですね。言い換えればつまり「**相手のツボを押したい**」ですよね。

　僕の体験で以前、仕事の関係でお世話になった人が転勤されることになりました。洋酒が好きな人で単身赴任することになったので、これから1人で飲む機会が増えると思いました。そこで僕はバカラのショットグラスをチョイスしました。数ある中でも「あの人クラスなら、これくらいのグラスで飲んでもらわないとダメだ」というメッセージも込め、真ん中よりも上のランクのグラスを贈ったんです。

　なんとなく選んだボールペンやブランド物のネクタイなどは使えますが、印象には残りません。しかしグラスを贈れば「あ、洋酒が好きなことを覚えてくれていたんだ」と相手に感動を与えることができます。

ひなた　洋酒好きにバカラのグラスを贈るというのはイメージしやすいですね。

こっさん先生　しかしバカラだからといって何でもいいわけではないんですよ。バカラを贈るとなっても、きっと一番安いものを見て「いいんじゃないの、これで」くらいの理由で決めてしまうパターンはあるあるでしょう。しかし**値段で決めることは得策とは言えません**。

ひなた　さすがにバカラならば、ただ贈るだけでも喜んでもらえるでしょう。

ゆい　でも、もらった側としてはどうしても値段も気になりますよね。

こっさん先生　そうですね。洋酒が好きならバカラの相場観を知っている可能性は高いでしょう。また値段を知らなくてもバカラをもらったことで意識するようになるので、たまたまバカラのショップのそばを通った時にふと店内に入る可能性は高くなる。あるいは１つもらったらペアになるように、もう１個買い足そうとするかもしれません。

　このように値段がわかってしまうきっかけは多数あるわけです。それなのに自分がもらったグラスがラインナップの中で一番安かったら……どうでしょうか？　もちろん値段で判断するわけではないですが、なんだか「自分を安く見られた」と思ってしまう人もいるでしょう。特に、その方はエリートでしたから、余計にそういった値段やステータスに敏感です。贈った時に感じてもらった感動も後々薄れてしまってはもったいない。

ゆい　では、こっさん先生は何を基準に選ばれたんですか。

こっさん先生　この時は「手に取ってなじむかどうか」「カッコいいかどうか」でした。さすがバカラですから、**一番高いものでなくても「これだ！」と思う商品**を見つけられました。

　このような選んだ理由も一言添えておくと丁寧でしょう。「形がめっちゃキレイで持ちやすかったんです。○○さんに絶対似合うと思ったので」と。すると**相手に「しっかり選んでくれているんだ」という印象を持ってもらえる**でしょう。

　あるいは、ワイン好きの人が単身赴任されるということで、５本入るワインセラーを贈ったこともありました。少しのスペ

ースがあれば置けるサイズでしたし、それを自宅に発送することでサプライズを企てたのです。

　相手が女性の場合には、ティファニーのボールペンを贈ったことがありました。ティファニーのボールペンがプレゼントとして優れているのは、あまりボールペンを使わない人でも持っているだけで嬉しい気持ちになることです。すでに持っていたとしても、親族や友達にあげることもできます。もらったほうも喜んで感謝するでしょうから、結果的に僕が贈った女性も喜ぶことになります。

　例に出したのがバカラやワインセラー、ティファニーでしたが、高ければいいというわけではありません。

「これでいいでしょ」というスタンスや、予算から逆算して考える選び方がよくないのです。

ひなた　先生みたいにお金に余裕があればよいですが、現実的には予算はどうしても限られちゃいますよ…。

こっさん先生　もちろん予算に限りがあることは重々承知しています。しかし予算の範囲内という順番から考えていくと、中途半端なものになってしまいがちということをお伝えしたかったのです。結果的に相手の印象には残りませんし、最悪のパターンは誰にもらったかわからない状況になります。

　覚えてもらわなければ、いくら予算が２万円あっても２万円の価値は出せないんです。もし贈ったプレゼントがタンスの奥に眠っている場合は、そこに使ったお金は死んでいることになります。ちょっと奮発して、５〜６万円かかったとしても、それを覚えてもらったり、感動を与えることができれば、それは生き金になります。２万円を捨てるのか、５万円を生かすのか。どうせやるなら生き金を使わないともったいない。

その点、バカラのショットグラスやティファニーのボールペン、それからワインセラーは嫌でも覚えてもらえます。全員に５万円以上のプレゼントはできませんから、ここぞという場面ではこういう考え方をしてみてください。

ゆい　高額でないと印象に残るプレゼントはできませんか？
こっさん先生　もちろん２万円の予算内でも印象に残せるプレゼントは十分に贈ることはできますから安心してください。普段からこの人は何が好きなのか話を聞いてれば予想はできますし、ちょっと離れている関係性なら、その人の周辺に聞き込むのもひとつの手です。
　コツは「買おうと思ったら買えるけど、自分では買わないもの」。それでいて「一回使ってみたいもの」。まさにバカラのショットグラスやティファニーのボールペンはそれに当てはまります。
　要は**その人のことを本気で考えてプレゼントを選ぶことです。**

その人の普段の行動、ライフスタイルを想像してプレゼントを選ぶ。これまでに話した1から6のツボにまつわるものを選ぶといいですね。

✨ プレゼントでダメ押し

ひなた　でも、ちゃんとツボを押せているかなんてどうやったらわかるんですか？

ゆい　本当だわ、表情で読み取るにしてもなかなか厳密にはわからないですよね。**何か確信を持てるための言葉がけの方法が**あるんですか？

こっさん先生　いい質問ですね。僕の場合、

「めっちゃ楽しそうに仕事されてますけど、実は自分の時間をあまり作ってないんじゃないですか？」

「このあいだ言ってたじゃないですか、学生時代によく〇〇してたって。そんなんする時間とかあったほうがいいとか思いません？」

　心臓のツボを押すトークでは、こういった『探り』をちょっと入れることがあります。

ゆい　『探り』ですか。

こっさん先生　ええ、するとね、「そやねんな。最近なー」と答えてくれることが多いんです。すでに**7つ目のツボまで到達しているので、大抵の場合本音で返してくれます。**そこで僕はこう返します。

　僕「それしましょうよ。やったらいいですやん」

　相手「でもなぁ。なかなかなぁ」

　僕「いや、ほんなら僕ちょっとセッティングしますから」

普通は社交辞令で終わるであろう、この会話。僕はこうやって素の部分を聞き出した後日、
「前に言ってたでしょ。絶対そういう時間ないとだめですって。だからあれをお贈りしたんですよ。ちゃんと使ってくださいよ」
と言ってふっと何かプレゼントすることがあります。

　あなたからそう言われた相手は、もうイチコロです。心臓のツボはトークだけでもしっかり押し込むことは可能。でも、こんなふうにされたら相手はあなたを「かわいいやつだな」と、そばに置いておきたくなるでしょう。

　あえて言う必要もないと思いますが、ここでは**「高いプレゼントをあげること」は重要ではありません。**それは単なる手段でしかなく、**実際に行動に移すことが重要なんです。**

　そもそも心臓のツボまで押すことができる間柄になると、こちらも損得勘定抜きにして相手に喜んでもらいたい、尽くしたいと思うものです。**資金が限られている場合でも、工夫すれば相手を喜ばすことは十分に可能**です。

　その人と一緒にいる時に漏らした言葉、雑誌を見ながら、電車の中吊り広告を見ながら、街を歩いている時にショーウィンドウを見て、「あれいいよな」「あれ欲しいんだよなぁ」という**何気ない呟きなど、しっかり覚えておくことです。また、その人の1から6のツボを思い返すことでヒントになることも多い**です。

お礼状

ゆい　わたしはメールやSNSでお礼のメッセージをよくしているんですが。

こっさん先生 **お礼の挨拶は大切**ですね。僕はお世話になった相手には、**お礼状を送る**ようにしています。

「ありがとうございました。本当にいい勉強になりました」

「いい機会をいただけたと思っています。御社との仕事は、こういうところがすごくやりやすくてよかったです」

というように。

最近は会う人が多くなったこともあり、ゆいちゃんのようにフェイスブックでつながっている場合はメッセージでお礼を伝えることも増えました。ですが、理想を言えばお礼状を送るほうがいいですね。

特に年配の方であったり、もう一度お話したいというような方が相手の場合はお礼状を書いたほうがいいでしょう。若い人にとってお礼状を書くのはちょっと恥ずかしいことかもしれません。しかし、**それなりの地位についている方は50〜60代が多く、この年代はお礼状が当たり前**だったりします。

ゆい そうなんですね、**年代によって常識が違うという視点**を持っていませんでした！ そういうことも理解しておかなくちゃだわ。

こっさん先生 年配の方にお礼状を送れば、感謝の気持ちをしっかりと伝えることができるでしょう。視点を変えれば**同世代の人たちがお礼状を送らない中で、自分が送れば強い印象を与えることもできるはず**です。

ひなた たしかに！

こっさん先生 お礼状というと、なんだか卒業式などで目にする答辞などのボリュームが必要なイメージもあるかもしれません。でも、そこまで気負う必要はまったくないんですよ。僕ははがきをもってお礼状とお礼の気持ちをお伝えすることが多く

あります。

　書く内容も、そこまで思いつめて考える必要はありません。別にプロポーズではないのですから。率直に感じたことを書けばいい。そして「また機会をいただけるようであれば、一緒にお仕事をしたいです」などのことを書くだけでも十分相手に伝わるのです。

ゆい　普段書き慣れていない者からすると、とても負担に感じてしまいますが、**書くだけでも相手に伝わる**と聞いてほっとしました。

☀ コミュニケーションとは結局、愛である

こっさん先生　ここまで7つのツボについてお伝えしてきました。

　ツボを自然に押すにはどうすればいいのか。それは**日頃から当たり前にできていないと、いざという時に押すことはできません**。

　これはスポーツと一緒です。練習で当たり前のようにホームランを打てる選手でないと、試合でバンバン打つことはできません。**練習でできないことが本番でできるわけがない**のです。

ひなた　よーし！　コミュニケーションのホームランバッターになるぞー！

こっさん先生　あはは、その調子です。さて7つのツボについて一通りお伝えしたところで、コミュニケーションについて今一度考えてみたいと思います。

ゆい　結局、コミュニケーションって一体何なのでしょうか。

こっさん先生　僕は「**究極の愛の形**」だと思っています。**自分**

を愛することでもあり、相手を愛することでもある。

　愛がない人でも**1**から**4**までのツボは押すことができるでしょう。しかし**5**つ目のお尻から**7**つ目の心臓までは、**愛がないと押すことはできません**。見よう見まねでやれたとしても、相手は気持ちよくはならないでしょう。たまたま上手く押せたとしても、そこに再現性はないでしょう。

　愛もないのに、その人がちょっと恥ずかしいなと思うようなことを話したり、愛もないのに、その人の背景とか歴史について言ったり、愛もないのに、その人の心をつかみにいったら相手はなんと思うでしょうか。

ゆい　わたしだったら「何か裏があるな」と違和感を覚えたり、「だまされるんじゃないか」と警戒しちゃいます。

こっさん先生　そうですよね。愛なしにツボを上手く押すことはできないのです。

　逆に言えば、愛があれば**1**〜**4**のツボはテクニックを知らなくても難なく押すことができます。

　なぜならば、**愛があるということで敬意や配慮をもった言葉**

191

づかいをすることができるから。愛ある人は、その人が素敵だなと思ったところは必ずほめます。愛ある人は、その人のことを調べてから会いに行きます。

　完璧な形ではないにしても、教わらなくても愛があれば自発的に行動ができてしまうのです。そして**相手もあなたの思いに気づいてくれやすくなります。**

（遠くから声）　パパ、見て───！

ひなた　は───い。お〜凄いな。気をつけろよ〜〜。

こっさん先生　颯太くんは今が一番かわいい盛りですね。

ひなた　そうなんですかね。もうやんちゃ過ぎて大変ですよ。（笑）

　でも子どもと接していると、素直さとか純粋さとか、まっすぐな気持ちを表現してくるから、逆に学ぶことが多いっていうかこちらも大切なことを思い出させられるなって日々思います。

こっさん先生　本当ですね。**子どものような好奇心や純粋な気持ちはコミュニケーションにおいてもっとも大切にしたいこと**ですからね。

　僕は、子どもたちから『あんな大人になりたい』って思われる大人になりたいなと思って生きています。僕の姿や在り方から何か感じてもらって「**人を気持ちよく、心地よく**」することができる人が増えれば、**この社会はもっとよくなる**と信じています。

　人前で話をする職業の人はトークの技術的なことを学ぶ必要もあるでしょう。でも単なるテクニックではなく、**愛からくる在り方があれば、話下手な人でも人の心のツボを押し、愛され大切にされて生きていくことが可能**です。きみたちの周りにもそんな人が何人か思い浮かびませんか。

　7つのツボについてのレクチャーはこれで最後ですが、お2人とも、さらに磨きをかけていってくださいね。

ゆい・ひなた　はい！

ひなた　こっさん先生！　最後になってしまったんですが、実は…僕たち先生にご報告があります！

　僕、今月の営業トップとれました！　話すツボの成果です。ありがとうございます!!

ゆい　わたしも、おかげさまでつい先日大口の法人契約が初めてとれました！

こっさん先生　おお、本当ですか。それはよかったなぁ〜。支社長も大変喜んでおられることでしょう。2人とも頑張ってる証拠だ、いいね、順調だ！

ひなた　思い描く理想の自分にはまだまだ届きませんが、ひとつ階段を上がれたような気がします。

ゆい　わたしも自信がついてきました。**話すツボとは「わたしが伝えたいことをいかに目の前の人の心にダイレクトに届けやすくするか」ということ**だとわかったおかげで、表現することへの恐れがだんだん小さくなってきているのを感じます。

こっさん先生　（嬉しそうに微笑む）

ゆい　わ──っ（遠くを指さして）、先生！　ひなた先輩！空を見てください！　夕日が綺麗〜！　凄いです！

ひなた　ほんとうだ！　真っ赤に燃えて大きい太陽。水平線まで燃えている！

　こっさん先生…本当にありがとうございます。

　僕、この半年間のことを一生忘れないと思います。

ゆい　わたしもです!!　これからさらに夢に向かってがんばります！

こっさん先生　これからは、最初にお渡しした「７つの話すツボ手帳」と、ご自身でそこにメモしてきたこれまでの気づきと対話しながら歩んでみてくださいね。もし壁にぶつかることがあったら、いつでも僕に逢いに来てください。

まとめ

□ 心臓（７）のツボは『人の本質』『人間性』…「照れ」や「背景や歴史」の下に埋まっている。「怒るポイント」や「こだわり」からも見えてくる。

□ 日常から一流に触れることで最上級のコミュニケーション術が身につく。

□ お礼状やプレゼントを送ることもコミュニケーションの一環。

□ 究極のコミュニケーションとは、自分の感情や頭の中で思っていることが、そっくりそのまま相手に100％コピーされた状態。

□ コミュニケーションとは「究極の愛の形」。自分を愛することでもあり、相手を愛すること。

□ 愛からくる在り方があれば、話下手な人でも人の心のツボを押し、愛され大切にされて生きていくことが可能。

後半まとめコラム
~話すツボはコミュニケーションの魔法~
1~7のツボ編

　ここでは1~7のツボで貴重な体験の数珠つなぎとなった例を紹介します。

　僕は趣味で重要無形文化財指定保持者の大倉正之助先生から大倉流の鼓を習っているのですが、これも話すツボのおかげで得たご縁でした。

　大倉流鼓とは日本で鼓ができた源流の家元で、先祖は織田信長や豊臣秀吉の前でも演奏していたとされる由緒ある流派です。

　大倉先生とのご縁は、高円宮妃久子殿下が名誉総裁として就任されている「バードライフ・インターナショナル」という団体のチャリティパーティーに参加したことがきっかけでした。

　実は先生との出会いには、あいだにまた別の年配男性との出会いが関係しています。その男性とは、ヒラリー・クリントンも顧客に持つ、アメリカでご活躍の芸術家工藤村正さんです。

　この日、パーティーの喫煙所で僕がたまたま工藤さんに話しかけたことがそのご縁の始まりでした。

　僕はその時、工藤さんが大物芸術家だと知っていたわけではありません。ではなぜ彼に話しかけたかというと、背が高くタキシードをピシッとかっこよく着て、ひげを蓄え、日本人離れした紳士な雰囲気がとても素敵だったからです。

　そして腕元をちょっと見ると、いい時計を付けておられました。僕は腕時計が好きなので、「おっ」と興味がわき「わぁ、いい時計してはりますね。僕も凄く時計好きなんですよ」と、

195

しゃべりかけてみました。（☞ここまでで**1.顔〜3.脚のツボ**）

　すると「お〜そうなの」と時計の話で楽しく盛り上がりました。そしてふと閃き「あ、腕時計が好きといういうことは、もしかしたら車も好きなんじゃないですか」という話もしてみました。想像通り彼は「おー、車好きだよー」と乗ってきてくれました。（☞**4.ヘソのツボ**）

　それで、ひとしきり車の話をした後、さらに「僕、最近バイクも乗り始めたんですよ」と言ってみたんです。そうすると工藤さんは「おっ君はバイク乗りか。そしたら面白い奴がおるから後で俺のテーブルに来いよ。バイク好きなら連れの鼓打ちを紹介するよ」と言ってくださりました。

　改めて言っておくと、この時点では名刺ももらっていないし、僕は工藤さんが何者なのか、まだ知りませんでした。そしてその後、彼のテーブルに行ってみると「紹介するよ。さっき話した鼓打ちの大倉だよ。人間国宝みたいなやつだけど気さくな奴だから、気軽に一緒にツーリングへ行ったらいいよ」と言われ、そこで初めてお2人と名刺交換をしました。そして僕のこともいろいろ聞いてくださいました。

　後日、大倉先生から本当に連絡をいただきました。その時、「ツーリングは〇日にあるけど、その前に鼓の会があるから先にこっちに一回おいでよ」と言われ、足を運んだことがきっかけで鼓を習い始めることになりました。

　そこから熊野大社の2050年祭や、靖国神社の150年祭の奉納で僕も一緒に鼓を打たせていただくという、なかなか普通ではできない体験をさせていただいています。

　昨年、大倉先生は日本遺産大使に任命され「きみ、大阪支部を作るからやってよ。それとあわせて広報大使にもなってね」

と僕は大阪支部を任されることになりました。重要なお役目にもかかわらず、ここまで僕を信頼して任せていただけるということは、**5（お尻）**、**6（背中）**、**7（心臓）**のツボも押せているという証拠に他ならないでしょう。

こういった流れもすべて、工藤村正さんの**3（脚）**のツボまで押し、車好きな話をして**4（へそ）**のツボを押した。そして、その後大倉先生としゃべって、バイクの話や共通の知り合いがいた話をしたことから連なっています。

僕はこういったご縁で誘われたことにはかならず行くようにしています。この段階ではまだ**4（へそ）**のツボの続きみたいなものだと思うのですが、**誘われたらすぐに行く。そこから関係が深くなり、いろいろお誘いいただくことが多い**のです。

このパーティーの後、工藤村正さんと会う機会はないままなのですが、彼の工房が滋賀県の信楽にあると聞いていたので数か月前に一度覗きに行きました。日本におられるかわかりませんでしたが、会えたらラッキーくらいの感じで行き、その時に作品をいくつか買って帰りました。残念ながら、その時工房には工藤さんはいらっしゃいませんでしたが、日本には滞在中で近くのご自宅におられたみたいでした。

後日、工藤さんご本人から連絡があり「一度工房をちゃんと案内したいから、今度来る時は事前に連絡してからおいでね」と言っていただきました。

こういったツボの押し方もあるということです。

僕は、相手から誘われたものに対して、紹介されたものに対して**必ずすぐに**顔を出したりちゃんと行くということをしています。

得になる、損になるとかそういったことは関係なく、一回は

誘いに乗って体験しに行きます。もし合わなければ、次からやめたらいいだけの話ですから。

こういったことがきっかけとなり、相手は背中を見せてくれて、それまで以上に仲よくなり、さらに上級編の5（**お尻**）や、6（**背中**）のツボを押しやすいネタを出してくれる…という流れになっていきます。

結局5、6、7（**お尻、背中、心臓**）のツボは後ろに隠れているものなので、その人が情報を出してくれなければ押すことはできません。

最終章 コミュニケーションが自分を助けてくれる

こっさん先生　これが1〜7のツボのすべてですが、Aちゃんどうでしたか？　理解できたかな？

後輩A　まだすべては整理できていませんが、シンプルに「できるかもしれない」「やってみよう」って思えました。コミュニケーション次第でこんなに可能性が広がることがあるなんて！　得られる世界のことをイメージしたらわくわくします！

ひなた　いや〜先生、当時を振り返って初心を思い出しましたよ。

ゆい　ほんとそうです。わたしたちまでこっさん先生のお話を久しぶりに聞けちゃってラッキーでした。（笑）

こっさん先生　ひなた君やゆいちゃんは話すツボを習得して、この3年で「コミュニケーションが自分を助けてくれる体験」をずいぶんとされてきたんじゃないかな？

☀ 仕事とはコミュニケーションだ

こっさん先生　相手の思いを満たしてあげる、感情を100％コピーするように努力する。これはコミュニケーションだけでなく、相手の思いをくむという意味では、仕事でもコミュニケーションの考え方は大いに活かすことができるでしょう。

　人と人とが関わり合う仕事の場において、コミュニケーションは欠かせません。むしろ日常生活よりも高度なコミュニケーションの技術と能力が求められるでしょう。「これをやれば仕事が上手くいく」とテクニックとして吸収するよりも、「コミュニケーションを意識した結果、こういう行動になるんだな」「相手の思いを上手くくんであげることができれば、いつでも声がかかるんだな」という視点から見ていただきたいと思いま

200

す。

後輩A 仕事もまた、コミュニケーションの延長なんですね。

こっさん先生 よいコミュニケーションを続けていると、必然的によい仕事が舞い込んできます。なにも**口が立つ人でなくても、あなたを必要としてくれる人が増えていく**でしょう。

　そして仕事自体もコミュニケーションのひとつなのです。コミュニケーションには多くの「手段」があります。その手段にはトークやプレゼント、メールや手紙などの文字媒体などがありますが、仕事もまたコミュニケーションの一環です。コミュニケーションをベースに「仕事」を考えていくことで、**「仕事もまたコミュニケーション」という本質**もつかんでいただけたらと思っています。

☀ 職場での立ち回り方

こっさん先生 仕事において上司との関係は避けては通れません。当然ですが、上司に嫌われてしまうと、あなたのキャリアや働き方に大きな影響を及ぼしますね。

ひなた そんなことは当然……じゃないんでしょうか。

こっさん先生 人は放っておくと自分勝手な考えをしてしまう生き物です。一番かわいいのは自分です。そして目の前のことに精一杯になって余裕がなくなることもあるでしょう。すると、「どういう部下だったら上司は喜ぶか」という視点をついつい忘れてしまいます。

ゆい ゴマすりしたほうがいいということですか？？

こっさん先生 いえいえ、ゴマすりと言われるほど上司にへいこらする必要はないけれど、気に入られて悪いことはありませ

んね。

　では、上司にとってどんな部下だと嬉しいのか考えてみましょう。仕事の出来不出来の前に、頼み事をした場合に「え、僕っすか？」と聞き返すような部下であれば嬉しくないことは想像できるでしょう。それどころか腹が立つでしょうね。上司からすれば「お前に話しかけてるんだろ」と思うでしょうし、状況によっては「いやいや、お前しかこの場にいないだろ」と思ってしまうよね。

「何を当たり前のことを言っているんだ」と言われそうですが、最近はこういったケースが如実に増えていると感じています。もちろん喧嘩を売るような態度を取られることはありませんが、「ん？　僕ですか？」と真顔で聞かれている上司は全国に数多くいるはずです。

　そういう返事をする部下の心情は「また俺に面倒なことを頼むつもりだな」「早く帰りたいのに仕事を頼まれるかも」「何かミスをしてしまったのか？」ということなのですが、正直気持ちがいい返事ではないですね。

　上司だって昔は部下をやっていたわけですから、部下の気持ちがわかる部分はあるかもしれません。しかし人間ですから、部下から「え、僕っすか？」と言われるといい思いはしません。

ひなた　こういった場合でのベストな対応は「はい！　すぐに伺います」と即座に返事をし、仕事を頼まれたとしたら「いいチャンスもらってありがとうございます！」とか「頑張ります！」と応えることでしょうか。

こっさん先生　そうですね、優秀でも嫌々やられるよりは、多少抜けている人でも嬉しそうにやってくれたほうが気持ちがいいものです。

　これを「こき使われている」とか「雑用を投げられている」と思うかもしれません。たしかに実際にそうである場合もあるでしょう。しかし、それで腐ってはいけません。忘れてはいけないのは、基本的にはその上司が査定する職権やさまざまな決裁権を持っているということ。

　なかには「気に入られる必要がない上司」というのもいます。どうせ途中で失脚するだろうと思われている上司もいるでしょう。これに加えて「直属の上司は嫌いだが、隣の部署の部長は自分と大学が一緒で仲がいい」という状況もあるかもしれません。

ひなた　そういった場合、直属の上司を無下にしてもいいわけではないですよね？

こっさん先生　はい、そんなことはありません。管理職に就くくらいですから会社に長くいる可能性が高い。すると知り合いも多いですから、何かのきっかけで他部署の管理職と話すことがあるかもしれません。

　こんなことで損をするのはもったいないのです。何が大事なのか。**プライドでもこだわりでもなくて、実利を取りましょう。その時にコミュニケーションは大いに役立ってくれます。**

　身を切らせて骨を断つ。多くの人の実利が出世だったりボーナスの査定だと思いますが、そのために我慢をしておくというのは悪くない戦略なのです。むしろ、あなたが慕う価値が1ミリもないと思う上司のせいで結果的に自分が割を食ってしまうと、余計に腹が立つでしょう。

コミュニケーションの王道 "会話" について見直す

こっさん先生 というわけで、会社にいる以上は嫌いな上司も含めてコミュニケーションに気をつけないといけません。その前提でツボを押していく秘訣をお伝えしていきましょう。

　まずはコミュニケーションの王道中の王道「会話」からいきましょう。常識レベルですから、秘訣も何もなさそうです。しかし言葉を発する時に「中学生でも理解できる」という基準を持ってみましょう。

ひなた そんなに優しい基準でいいんですか。

こっさん先生 そう、**中学生でも理解できる単語や熟語、慣用句で話してみることがポイント**です。

　この場でわざわざ言っているのは、多くの人が小難しい言葉を使ってしまいがちだからです。むしろ意識して難しい言葉を使っている人すらいます。よく自分を大きく見せようと思う人ほど陥りがちです。

　あなたの周りにもいませんか？　横文字や難しい言葉を使って賢く見せようとする人が。しかし、そんなものはメッキで一時的に「賢そう」だと思われても、コミュニケーションを重ねていけばボロが出てきます。

　本当に頭がいい人は、やさしい言葉でもきちんと過不足なく伝えてくれます。それは豊富な知識や教養があってこそなせる業でもあるからです。

　金融業界のエリートたちがよく使うような横文字があります。彼らが業界内でそれを使うのであれば問題ありません。共通言語として使っているからです。例えば僕が魚の競りに行っても、

市場の人が何を言っているか意味がわかりませんが、当事者たちがわかっているのだから何ら問題はありません。

　しかし一般的なコミュニケーションの中で難しい言葉を使うことは避けるべき行動です。**相手にきちんと伝わらないどころか、間違った解釈を導き出すリスクすらありえる**からです。

難しい言葉が流れを止める

こっさん先生　トークをしていると、言葉は「頭の中で一回理解」する必要があります。英会話を思い出してください。流暢に会話ができない人は、頭の中で日本語にいちいち変換していると思います。その変換作業に時間がかかってしまう。

ひなた　そうです。1つの単語に引っかかってしまうとさあ大変。一度待ってもらわない限り、相手は英単語を発し続けるから、理解が追いつかなくて、結局意味がわからなくなってしまうんですよね。

こっさん先生　英語のリスニングテストでつまずくのは、大体そのパターンでしょう。しかし、これは何も英単語に限った話ではありません。僕たちが話す日本語でも、難しい言葉が出ると同じことが起きてしまいます。会話のなかに意味がわからな

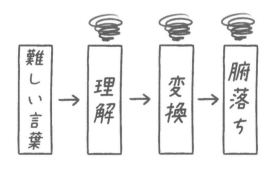

い言葉が出てきて「この意味って何なんだろう？」と考えているあいだに次の言葉が入ってきてしまう。自分なりに予測しながら聞いてはいきますが、理解が遅くなっていきますし、必ず余計なプロセスが生まれてしまいます。

　難しい言葉はこうやってトークの流れを知らないあいだにせき止めてしまうんです。そのことによって相手に伝わる情報が欠けてしまったり、感覚がずれてしまうことが発生します。要は正確な伝達ができない。相手が心の底から腑落ちしたという状態にならないのです。

［コミュニケーションの基本は「中学生レベル」で］

こっさん先生　それだけではありません。言葉というツールは、便利な反面、誤解を招きやすいものでもあります。それこそ、カッコつけるためだけに使われるような横文字は、その最たるものでしょう。なかには、正しい意味を知らずに雰囲気だけで難しい言葉を使っている人もいます。

　日本人同士ですから難しい言葉でも「ニュアンス」は伝わります。かすかに覚えているので、なんとなく理解はできるかもしれません。しかしニュアンスはあくまでもニュアンス。間違った解釈や微妙に違った変換をすることは大いに有りえるのです。

ゆい　そういった誤解を招かないためにはどうしたらいいですか？

こっさん先生　僕はコミュニケーションの際には、平易な言葉を使うと決めています。

　と、ここでお伝えした「平易」も微妙なラインではないでしょうか。あえて使ってみましたが、平易ってわかるようなわか

らないような気がします。意味は、「わかりやすいこと、やさしいこと」。こうやって活字で見れば「簡単そう」だなというニュアンスはつかめます。しかし、これが口頭なら……。しかも、よく耳にしたり見かける言葉でもありません。すると思わぬ誤解を生む可能性も低くはないでしょう。

　ややこしい言い回しになってしまいました。言い直してみましょう。

　僕はコミュニケーションの際には「中学生でもわかるレベル」の言葉を使うと決めています。

　中学生がわからないような言葉はなるべく使わないようにすることに越したことはありません。このレベルで会話をしていれば、相手は余計な労力をかける必要がありません。

　これは社員とのコミュニケーションでも意識しています。もちろん専門用語などはそのまま使用します。中学生だって流行りのゲームの世界の話は、そのゲームの世界の用語を使っていますから。

　しかし、「認識に齟齬がある」という言葉。ビジネスの世界でよく見かけると思います。しかし「齟齬」なんて何となくわかりますが、僕もきちんとした意味まではわかっていません。辞書的には「意見や事柄がくい違って、合わないこと」。要は「食い違い」ですが、コミュニケーションする相手が「ん？」と一瞬止まる可能性もあるでしょう。

　そこで僕が「認識に齟齬がある」と同じことを言うならば、相手に合わせながら「お互いの考え方や感じ方にちょっと違いがあるようです。具体的には目指すゴールが少し違っているようです。ゴール地点の景色に違いがないように、もう一度認識のすり合わせをしませんか？」と言っておくのがいいと考えて

います。

　もっと丁寧にするのであれば、「たとえ話」は有効です。別
の角度から理解度を深める効果もあるからです。

相手に合わせる場合と、合わせない場合

ゆい　もし会話する相手が頭のいい人の場合ならどうでしょう
か。

こっさん先生　僕は「頭がいい人には大学生でもわかる言葉で」
などと相手によって言葉を使い分けていません。頭のいい人は
「1を言えば10わかる」ように、最小限のコミュニケーション
でもやり取りできるイメージがあります。**しかし本当に100%
伝わっているのかはわかりません**。特に1つの言葉の中に、複
数の意味を持つようなものがあった場合、それこそ『認識に齟
齬』が出てしまうかもしれません。

　ですから上場企業を創業されたような大先輩の経営者が相手
でも、自分の娘でも理解してもらえるような言葉で話しますし、
そういった言葉で書くようにしています。

ゆい　心配になるのは、人生の先輩方に対して中学生でもわか
るようなトークをしていると、**相手に失礼になるのではないか**
という懸念なんですが大丈夫でしょうか。

こっさん先生　そんなことは心配ありません。本当に失礼にな
るのは「**中学生に教えるように**」伝えてしまうこと。これでは
まるで目線を低くして教えられているような印象を受けます。
つまり馬鹿にされていると思われる。しかし言葉のチョイスを
意識するくらいであれば、別に相手は馬鹿にされていると思い
ません。

　ただし相手が使った言葉はそのまま使用します。相手が使っ

た言葉なら、食い違いが起きる可能性はグンと減るからです。また同じ言葉を使うことで、相手とのあいだに共感を生む効果もあるでしょう。

ひなた　相手が使った言葉をそのまま活用することで相手のイメージを共有しやすくなるということですね。

何に装飾しているのか問題

こっさん先生　言葉の理解がくい違う以外に起きがちなトラブルがあります。それは修飾語や形容詞が、「**何に**」かかっているのかわからなくなること。

ひなた　あー、それよくありますね。

こっさん先生　次の2つの文章を比べてみてください。

　A「大きい彼の足」

　B「彼の大きい足」

　Aの場合は、「彼自身」が大きいのか、「彼の足」が大きいのかわかりません。Bであれば、彼の足が大きいことがすぐにわかりますね。

　この場合、難しい言葉は使われていません。しかし言葉の順番によって「大きい」が何にかかっているのかわからなくなってしまうんです。これは仕事はもちろん、日常のトークでもよく起きてしまいます。

　やや極端ですが、次の例文を読んでみてください。

「彼は皿を怒り狂って投げようとした彼女を取り押さえた」

　初見では意味がわかりません。

　本来であれば、

「怒り狂って皿を投げようとした彼女を、彼は取り押さえた」

という意味ですね。

ゆい　修飾語や形容詞の場所がグチャグチャで、すっかり意味がわからなくなってますね。

こっさん先生　そうでしょう。下手をすれば「彼が怒り狂って、彼女に向かって皿を投げようとしている」と誤解する可能性だってあります。

「そんな大げさな！」と思われるかもしれませんが、会話をしている時には意外とやってしまいがちです。**議事録を読み返したり、会話を録音して聞き返してみると多くの人が自分がやってしまっている癖に気がつく**と思います。

ゆい　あぁ…それまさにリモートワークで会議が録画される機会が増えて、わたしの今一番の悩みです〜。

こっさん先生　そうでしたか。ゆいちゃんに限らず、そういう人は多いと思いますよ。逆にチャンスと捉えて常に意識していくしかありませんね。

　それから先ほど相手が難しい言葉を使った場合は、こちらもそのまま使用すると言いましたが、相手が「認識に齟齬があるんですけど」と言った場合、こちらがしっかり理解できない場合は「すみません、どういう部分に齟齬がありました？」と**一言添える**ようにしています。

　どこに食い違いがあったのか、その『齟齬』をなくすための方法です。

［コミュニケーションはひとりよがりになりがち］

こっさん先生　ここまで悪い会話の例を紹介してきました。しかし、そうなってしまう気持ちも痛いほどわかります。

　それは「こう言ったら相手にも伝わるだろう」という感覚になってしまうからです。でも**コミュニケーションは相手にどう**

伝わるか、相手がどう理解するかが重要です。相手がどう捉えたかがすべてなのです。

　僕自身、言葉足らずで「社長、こういうことじゃなかったんですか!?」という**お互いの認識の食い違いによってトラブル**になってしまうことがたまにあります。

　僕も人間なので横着してしまうことがあります。決まって、そんな時にトラブルが発生します。反省していくと、「社員だからこれぐらいわかってくれよ」と感じていた部分があった。**社員とはいえ相手がどう感じるか、どう理解するか気をつけるようにしています。**

　それは僕のように社長と社員という間柄だけでなく、「同僚」という関係性でも同じでしょう。

　なぜコミュニケーションに食い違いが生まれてしまうのか。それは甘えがあるからです。家族間のコミュニケーションをイメージすればわかりやすいでしょう。

序章 第1章 第2章 第3章 第4章 第5章 最終章

考えてみれば、家族でもきちんと伝わっていないせいで、トラブルが生まれることも珍しくありません。

ひなた　むしろ、家族ほど甘えてしまいがちですね…。（汗）

ゆい　仕事では誤解が生まれないように人とのコミュニケーションに非常に気をつけていますが、家族が相手だとよくも悪くもどうしても心が緩んでしまいます。

こっさん先生　「十何年のつき合いだからわかってくれるはず」という気持ちもないわけではありません。すると適当に返事をしてしまいますが、そういう時に限って「え、あの時こう言ったよね」と、食い違う状況が起きがちなんです。

ゆい　では、どうすれば甘えをなくせるのでしょうか。

こっさん先生　第一歩としては、「相手のせいにしないこと」に尽きるでしょう。たいてい伝わらない理由を相手のせいにして終わってしまいませんか。すると、そこから成長できません。あなたのまわりにもいませんか？「営業先が悪い」「業界が右肩下がりだから」と結果が出ないことの言い訳をして、自分自身に目を向けない人が。

　失敗をした時に相手や運のせいにしていると、そこからは成長がありません。また次も同じことを繰り返すでしょう。

　特にコミュニケーションにおいては、自分側に問題があることがほとんどです。まずは「相手がわかってくれるはず」という思い込みを疑うようにしましょう。

ひなた　その現実は、なかなか飲み込みにくいですね…。

こっさん先生　でも、そこからがスタートですから。試しに丁寧に伝えてみて、相手がしっかりと認識したという経験を重ねていくのはひとつの手です。成功体験を積むことで、よりその効果を体感できると思います。

もちろん、その時には「中学生でもわかる表現」で、です。

究極のマーケティング

こっさん先生　最後に、いま一度コミュニケーションがいかに身を助けてくれるのか念押しでお伝えしたいと思います。
「芸は身を助ける」と言いますが、いいコミュニケーションもまた僕たちを助けてくれます。

　弊社の場合は、まず営業をしなくてすんでいます。**営業いらずの秘訣は、ひとえに共感を与えるコミュニケーションが安心や信頼となり、ひいてはブランドになるから**だと思っています。

　このブランドがない状態を考えると、身の毛がよだちます。

　打つ手が非常に限られることになります。パッと思いつくのは安さを売りにした価格勝負。しかし、これでは安いほう安いほうに行くしかないので、いつしか疲弊してしまいます。

　あるいは偽ってでも自分たちを魅力的に見せないといけなくなるでしょう。すると「もうそれは詐欺なんじゃないか!?」というグレーゾーンを歩まないといけないかもしれない。

　しかも多くの「マーケティング」と呼ばれるものが、「定価３万9800円の商品が今なら１万9800円で！」などと言っている。

ひなた　たしかに蓋を開けてみると本当は初めから１万9800円だった、などというケースは嫌になるほどありますね。

こっさん先生　百貨店では、お得意様に向けて特別割引ご優待会を開催しますよね。百貨店の業績が絶好調だった時代には、年に２回のペースで開催されていましたが、バブルが弾け不況になると年２回が４回になり、しばらくすると月イチペースで

213

乱発するようになりました。ご優待会を開催すれば、ある程度の売り上げが立ちます。しかし当然ながらそれ以外の売り上げがズドンと落ちてしまう。トータルで見たら割引している分、売り上げが落ちていることになるでしょう。麻薬のようなもので、わかっていてもやめられなくなってしまうんです。

　なんだか世の中のマーケティングを見ていると、このような残念な例をよく目にしてしまいます。

　まともに挑もうとしても、小手先のマーケティングに走らざるをえません。ウェブマーケティングの世界ではプロダクトローンチやステルスマーケティングなど頻繁に新しい手法が誕生します。ダメになったら商品や見せ方を変えてみる。ものすごい割引や特典があるように見せるなど常に何らかの手を打ち続ける。

ゆい　そうなってしまうのはなぜでしょう？

こっさん先生　結局「何かやらないと不安になる」という背景も少なからずあるからではないでしょうか。逆に言えば、なにかやっているふうを装えばひとまず安心することはできる。

ひなた　そういった後ろ向きなマーケティングやキャンペーンは当事者にとって辛いものとなってしまうと思うんですが。

こっさん先生　そうですね。だからこそ僕らは「キャンペーンをしない」とも決めていますし、マーケティングも最低限に抑えています。念のために言っておきますが、マーケティングを軽視しているわけではありません。きちんとしたマーケティングを学ぶことは、とても重要で大切なことです。僕の知り合いには本気でマーケティングを学びつくし、それを自分ごとのように人に教えている方がいらっしゃいます。僕もその方からマーケティングを学び活用しています。

　ただ、**僕が力を入れている究極のマーケティングは、キャンペーンをしなくても勝手にずっと成り立つ関係性です。**

　それはつまりブランドになるということ。ブランドになれば、安売りをしなくても買いに来てくれます。ひいきにしてもらえます。

　そして、高級ブランドがそうであるように、ハイブランドのタグがついているだけで高い価値がつく。同じ工場の隣同士のラインで製造していても値段が10倍違うこともあるんです。

ゆい　ブランドを築くことが、**最強のマーケティングとなる**んですね。

こっさん先生　そうです。そのブランディングの方法は、このメソッドでお送りした「7つのツボ」を軸にしたコミュニケーションが有効であると思っています。

　本気で感じ、顧客の立場に立って考え、行動する。話すツボを押さえることが、あなたやあなたの会社にとっての営業となり、マーケティングとなり、ブランディングにつながるんです。

　思い返してみれば、起業前のフリーランスの頃、取引先の重役から「重要な打ち合わせには、必ず『**こささ組**』の誰かがいるな」と言われていました。

　僕を慕ってくれる若手もひっくるめて「**こささ組**」や「**ササ組**」と呼んでもらえていたんです。それは相手からすれば安心や信用、信頼みたいなものの印であり、ブランドになっていました。そして、それが創業する際にも大いに僕らを救ってくれることになったのです。

　話すツボや仕事のツボを押すことで築き上げてきたブランディングなしに、ウチの会社や僕の存在は語ることができません。

後輩A　このメソッドを自分のものにするために必要な素質や

素養は何かありますか？

こっさん先生　Aちゃん、いい質問ですね。僕も最近「そういえば」と、思い出したことがあります。

　7のツボの話の中でも少しお伝えしましたが、僕はごく普通の一般家庭で育ったにもかかわらず、学生時代から「身のこなしが伯爵のようだ」

「ブルジョアでロッキングチェアでグラスを回してそう」

「マクドナルドや吉野家には行かなさそう」

　などと言われ、なぜだか『高貴な人』『気品がある人』と思われることが多いんです。実際はそんなことはないのに。

　と同時に、

「**物をすごく大切にする**よね」

「**何をするにしても丁寧**だ」

　と言われることも多いことに気がつきました。

　最近も仲のいい身近な人に言われて、『**コミュニケーションの基礎として大切なこと**』だと気づいたのです。

　この2つのことは、まったく関係ないように見えて実は関係があるんです。

後輩A　う〜む…、どんな関係でしょうか？

こっさん先生　動作や雰囲気から伝わるものではあるんですが、そういった印象を与える根源は『物を大事にすることだ』と気がつきました。

　あなたの周りでも『**物を大事にする人**』はいい印象を与え、**人から信用**されていませんか？

後輩A　ふむふむ、誰かいたかな…。

こっさん先生　僕が20代の学生の頃の話です。知人に建築関係の仕事をされている男性がいて、ポルシェに乗っているとい

うので「車の中を見せてください！」と楽しい気持ちいっぱい
にその彼の車に乗せてもらったんです。

　その時、オーディオの音楽を変えるために、ふと彼がCDを
取り出しました。そして、その取り出したCDをなんとダッシ
ュボードにそのままバ———ンと投げつけたんです。僕は思わず
驚いて、「えっ、大丈夫ですか!?」と聞きました。そしたら、「え
っ何が？」と返されたんです。

「いやいや、だってCDが傷ついたりしたら音がとぶじゃない
ですか」と、僕が言うと、「あ、ええねん、ええねん、これ俺
のんちゃうし。連れから借りてるやつやから」と。

ゆい　え————！

こっさん先生　そういう反応をいただけて安心しました。ぼく
も正直「え————!!」っと思いました。楽しかった気分も一
気に吹っ飛び、その人の感覚や性格を疑いました。だって**自分
のものでなく、人から借りたものだとしたら、なおさら大切に
しないとって思う**じゃないですか。本当に驚いたので、これは

217

僕だけが思うことなのかと思って、当時の友人**T君**にこの出来事を話してみました。そしたら**T君**も「わかる!!」と言って共感してくれました。

　そしてまさしく同じようなことがあったと、彼の体験を話してくれました。その共通の友人がレンタルDVDで何枚か借りてきたものを、ケースと中身をバラバラに入れて返却する場面に遭遇したのです。

　T君が「えっ、ちゃんと元の通りに入れないと」と注意すると、その友人は「ええねん、ええねん、返却したらどうせ店員がチェックするんやから」で終わったと驚いていました。

　こんなふうに**物を大事にしない人やマナーの悪い人は、人格を疑われかねません。この人やったら大丈夫とは決して思われません**よね。

　貸した本人がいない場所でちゃんとしないということは、残念ながらその他の言動に対しても信頼度が低くなります。

　普段の立ち居振る舞いは、それほどに大切なんです。

「**おてんとさまが見てるよ**」

　というのは、**僕の師である竹田和平さんの言葉**で、いつも心に置いて大事にしているものですが、人が見ていないところでも天は見ています。仮に人はだませても、自分自身をだますことはできない。自分は知っているのです。その視点を持ち日常を送ることが何より大切ではないでしょうか。

　そして、ありがとう運動の話の中でお伝えした、普段意識していないことに意識を向けたりインフラに感謝できるということも、1〜7のツボをマスターするには必要な素養であります。逆に言うとこれができている人はすぐに**上達しやすい人**ともいえます。

後輩Ａ　なるほど…。ありがとうございます。

こっさん先生　行動したら必ず結果に表れます。僕がお話ししたことをだまされたと思って１のツボから順番に実践してください。今は真っさらなこの『７つの話すツボ手帳』はこれからあなたの実践が深まるほど、心強い御守りになってくれることでしょう。失敗も成功もどんどん書き込んでいってください。学びや気づきはそこからより身につきます。**チャレンジの数は振り返ると自信につながります。**僕は７つのツボのコミュニケーションのおかげで、心から有難いと思える、かけがえのないしあわせな人間関係を築くことができています。

　仕事の人間関係だけでなく、親子関係に悩んでいる人、夫婦関係に悩んでいる人、コミュニティや組織作りにも役立つことは間違いありません。

後輩Ａ　はい。先輩方の後を追ってわたしも今日からチャレンジしていきます！

ゆい　こっさん先生、お話どうもありがとうございました。よーし！　わたしもＡちゃんに追い越されないように、頑張らなくっちゃー。

後輩Ａ　わ〜、先輩！　空が凄いですよ！　夕焼け、みなさん見て下さ〜い！

ゆい　あぁ…言葉にならないほど綺麗…！　燃えてる太陽…、３年前のあの日見た夕日と同じだわ！

ひなた　本当だ…！　どーんとでっかく心に響いてくるなぁ…。

　あれからも壁にぶつかったり、悩んだこともあったけど、７つのツボの教えを投げ出さなかったおかげで、ここまでやってこれたんだ。

　いろいろなことを思い出します。あきらめなくてよかった。

僕も、初心を思い出してさらなる高みを目指していくぞ！

こっさん先生　ははは、頼もしいね。みなさんその調子です。

　夢や目標を叶えることはひとりでは決してできません。

　夢が実現していく時にはどんな形であれ、必ず『人』が関わっています。

　その『人』との距離を近づけ、深め、「**応援される**」「**ファンができる**」方法が今まで僕がお話ししたことです。いい報告を楽しみに待っていますよ。

　『**共感され、人から思わずハグされる人になる**』

　今度はあなたの番ですね。

おわりに

　最後まで読み進めてくださいましてありがとうございます。本書でお伝えした話すツボや仕事のツボは一度習得すると人から奪われたり、古びて使えなくなるということがないものです。誰もが予想できなかったリーマンショックを上回るコロナショック。このような緊急事態になった時でもこのツボを身につけておけば、あなたは生活に困ることはないでしょう。このツボを習得する近道は本書で紹介いたしました「ありがとう運動」を実践することだと思います。そして、あなた自身が本物のサービス、おもてなしに触れる機会を増やすことです。

　現在の能力、年齢、性別も関係なく０円から今すぐ始められます。世の中が目まぐるしく変化していますが、いつの時代になっても変わらない能力を身につけてください。そして、昨日よりも今日、今日よりも明日、みなさまが少しでも幸せを感じる時間が長くなりますようにお祈り申し上げます。

　最後に本書を刊行するにあたってお世話になったみなさんのお名前をあげさせていただきます（順不同）。

故　竹田　和平さん
横山　信治さん
大倉　正之助さん
舩井　勝仁さん
本田　健さん

本田　晃一さん

ヒロ　カズマさん

鳥井　一広さん

松島　章晃さん

徳田　博丸さん

真田　英里さん

ムラモト　ヒロキさん

木下　文岳さん

作家プロモーターの高橋果内子さん
編集協力してくれた吉田ひろ榮さん
プロデュースを担当してくれた山本時嗣さん
イラストを担当してくれたくろまめさん（娘）

●著者略歴

こささやすし

日本話すつぼ協会会長。1972年1月大阪に生まれる。
大阪工業大学で応用化学を学ぶ。
卒業後、ハンドバッグメーカーに勤める。28歳でIT業界に転職し、フリーランスとして活動。39歳の時にIT企業の株式会社IQASを起業する。
起業当初から自分ならこんな会社がいいなぁという理想を求め会社経営をし、第二回JWS主催ホワイト企業アワードホワイト制度大賞を受賞する。竹田和平、横山信治に人生、事業の在り方を学び、順調に事業を成長させている。
現在、IQASの他に、株式会社Wa-K（飲食関連）、株式会社FeeR（事務関連アウトソーシング業）と3社を経営している。
2020年、共感力と会話力の高さから友人たちから「共感の達人」「会話の達人」と呼ばれるようになりそんな友人たちの支えで「日本話すつぼ協会」を発足。
会長としてコミュニケーションに関する講座や「しあわせなチーム作り」「起業すること」「仕事のやり方、在り方」などのテーマで、大学の臨時講師や各種講演活動を行っている。
2021年、重要無形文化財総合指定保持者の能楽師　大倉正之助から依頼を受け、一般社団法人 日本遺産情報センター 関西支部長として日本遺産の保護、日本再生プロジェクトの推進をしている。
日本話すつぼ協会主催「7つの話すツボオンライン講座」はこちら
https://peraichi.com/landing_pages/view/hanasutsubo

話すツボは7つ

2021年7月15日　　　第1刷発行

著　者　　**こささ　やすし**

発行者　　**唐津　隆**

発行所　　**株式会社ビジネス社**
　　　　　〒162-0805 東京都新宿区矢来町114番地
　　　　　神楽坂高橋ビル5階
　　　　　電話 03(5227)1602　FAX 03(5227)1603
　　　　　http://www.business-sha.co.jp

カバー印刷・本文印刷・製本/半七写真印刷工業株式会社
プロデュース／山本時嗣
編集協力／吉田ひろ榮・加藤純平　イラスト／くろまめ
〈カバーデザイン〉中村聡　〈本文デザイン〉茂呂田剛（エムアンドケイ）
〈編集担当〉本田朋子　〈営業担当〉山口健志